이동현
S+감정평가이론

이동현 편저

2차 | **서브노트** 제1판

PREFACE

머리말

S+감정평가이론 기본서가 출간된지도 벌써 5년이 다 되어 가고 있습니다.
감정평가이론과 관련하여 기본서의 내용에 대한 이해와 목차 및 키워드에 대한 암기를 통한 답안 작성은 아무리 강조해도 지나치지 않다고 생각합니다.

하지만 그동안 기본서 이외에 목차를 한눈에 볼 수 있거나 두꺼운 기본 교재 이외에 이동 중이나 자투리 시간에 볼 수 있는 교재가 직접 출간되지는 않아 수험 준비를 도와드리는 부분에 있어 다소 공백이 있었던 것은 사실입니다.

이 교재는 이런 공백을 채워넣을 수 있도록 기본서에 있는 목차들을 한눈에 볼 수 있게 모아 두었으며 가장 마지막에는 답안 작성 시 자주 활용되는 개념들을 정리해두었습니다.

많은 분들이 조금이나마 이 교재를 통해 수험에 도움을 받으시기를 바라며, 마지막으로 이 책을 펴내는 과정에서 도움을 주신 박문각 편집자분들에게도 감사드립니다.

이동현

차례

차례

차례

차례

PART 03   의의노트

감정평가의 기초

1 감정평가의 이론적 논의

Ⅰ. 서

Ⅲ. 결

Ⅱ. 견해의 대립

1. 일원설
2. 이원설
3. 삼원설

2 감정평가의 필요성

Ⅰ. 부동산 감정평가의 필요성 (시복사기특)

1. 합리적 시장의 결여
2. 부동산 가격형성의 복잡성 및 변동성
3. 부동산의 사회성, 공공성
4. 가격형성의 기초
5. 부동산거래의 특수성

🔑 암기 코드

부동산 감정평가의 필요성

시　합리적 시장의 결여: **합리적 시장** 바탕 적정가격 판단, **시장기능 보완** 위해 감정평가사 평가

복　부동산 가치형성요인의 복잡성, 변동성: 복잡, 변동, **일반인 파악** × 감정평가사 평가

사　부동산의 사회성, 공공성: 국가성립 기반, 경제적 비중, **전문성, 윤리성** 감정평가사 평가

기　가격형성의 기초: 부동산가격 ≠ 적정가격, **행동지표**로서 기능, **가격형성의 기초** 전문가 평가

특　부동산거래의 특수성: 개별성, 고가성, 사정개입, 정보 비공개, **정확한 가치 지적** 전문가의 평가

감정평가의 필요성

시: 합리적 시장의 결여
복: 부동산 가격형성의 복잡성 및 변동성
사: 부동산의 사회성, 공공성
기: 가격형성의 기초 (행동지표)
특: 부동산거래의 특수성

3 감정평가의 기능

Ⅰ. 정책적 기능 (효적손과)

1. 부동산의 효율적 이용과 관리
2. 적정한 가격형성 유도
3. 손실보상의 적정화
4. 과세의 합리화

Ⅱ. 경제적 기능 (배판거파)

1. 부동산 자원의 효율적 배분
2. 부동산 의사결정의 판단기준 제시
3. 거래질서의 확립과 유지
4. 파라미터적 기능

Ⅲ. 사회적 기능 (조재국)

1. 이해관계 조정
2. 재산권 보호
3. 국가경제 발전에 기여

🔑 암기 코드

정책적 기능

효 부효리(부동산효율이용관리지원): **최** 파악, 공적주체 사업진행 과정, 지역분석, 사업성 판단
적 적가형 유도: **표준지공시지가**(공적 가격지표) 시장불완전성 보완, **적가형** 유도, 과도 **지변억제**
손 손실보상의 적정화: **적정가격평가**, 합리적인 보상액, 국민의 재산권 보호 기여
과 과세의 합리화: **개공 검증업무**, 세금부과의 기초 = 부동산가격, 공정하고 합리적인 과세활동 가능

경제적 기능

배 부자효(부동산 자원 효율적 배분): 합리적 시장 상정, 균형가격 판단, **적정가격** 제시
판 부동산 의사결정의 **판단기준** 제시: **개발사업 타당성** 분석기준, **거래 투자결정** 판단기준
거 거래질서 확립과 유지: **공정, 객관적 가격** 제시(매매, 임대, 담보, 경매) 거래질서 확립·유지기여
파 파라미터적 기능: 시장참여자들의 **행동지표** 기능(수요 = 공급 → 유도, 경매가격 바탕, **입찰 여부** 결정)

감정평가의 기능

효리	효 부동산 효율적 이용과 관리
적가형	적 적정한 **가격형성** 유도
손적	손 손실보상의 **적정화**
과합	과 과세의 **합리화**
배자효	배 부동산 자원의 **효율적** 배분
판기	판 의사결정 판단기준 제시
거질	거 거래질서의 확립과 유지
파	파 파라미터적 기능

4 감정평가의 사회성, 공공성

Ⅰ. 감정평가의 사회성, 공공성이 제기되는 근거
  1. 부동산의 사회성·공공성 (국용환경)
    (1) 국토공간으로서의 사회성, 공공성
    (2) 용도적 측면에서 사회성, 공공성
    (3) 환경요소적 측면에서의 사회성, 공공성
    (4) 경제적 비중 측면에서 사회성, 공공성

2. 감정평가의 필요성
3. 감정평가의 기능

5 감정평가사의 직업윤리

Ⅰ. 직업윤리가 강조되는 이유(이론적 근거)
  1. 부동산 특성으로 인한 감정평가의 필연성
  2. 감정평가의 전문성
  3. 감정평가의 사회성, 공공성
  4. 감정평가의 기능

Ⅱ. 법률적 근거
  1. 감정평가법상의 윤리규정(제25조)
  2. 감정평가에 관한 규칙상의 규정(제3조)
  3. 감정평가 실무기준상의 윤리규정(200)
  4. 외국의 윤리규정

Ⅲ. 감정평가 윤리규정의 문제점 및 개선방안
  1. 감정평가 윤리규정의 문제점
    (1) 윤리규정의 추상성
    (2) 감정평가업무의 윤리적 행위 여부의 판단 곤란
    (3) 비윤리적 행위의 판단가능 문제
    (4) 비윤리적 행위의 사전예방책 부재
  2. 감정평가 윤리규정의 개선방안
    (1) 사회성·공공성 측면에서 공익의 추구와 확립
    (2) 질과 가치의 추구
    (3) 스스로 책임지는 방향으로의 전환
    (4) 윤리기준의 제정

🔑 암기 코드

감정평가의 사회성, 공공성이 제기되는 근거

필	감정평가의 **필**요성: 시복사기특(거래지표)

부동산의 특성: 부동산의 사회성, 공공성
국토공간으로서의 사회성, 공공성: 토지 = 국토구성 공간, 국민생활 터전
사 **용**도적 측면에서 사회성, 공공성: 희소성 + 용도의 다양성 → 최유효이용 강제 요구
환경요소적 측면에서의 사회성, 공공성: 국부 대부분 차지, **국가경제의 근간**

기 감정평가의 **기**능: 효적손과(효율적 정책수립 집행, 자원배분, 경제적 유통질서 확립)

직업윤리가 강조되는 이유

특 부동산 **특성** 인한 감정평가의 필연성: 합리적 시장제도 대신할 감평 필연성 = 직업윤리 강조
전 감정평가의 **전문성**: 객관적 가치측정 척도 ×, 전문가에게 의존, 공정·성실 = 직업윤리 강조
사 감정평가의 **사회성**, 공공성: 개인의 행복과 사회복지 영향 = 직업윤리 강조
기 감정평가의 **기능**: 정책적 기능 + 경제적 기능 = 직업윤리 강조

직업윤리가 강조되는 이유는
특전사의 사기를 높이기 위해서, "**특전사기**"

특전사의 사기를 높이기 위해서는
부득이 **필**히
감전되는 **사공**이 없도록
감기에도 걸리지 않도록!

법률적 근거

25 감정평가법 제25조(성실의무 등): + (제26조 비밀엄수, 제27조 명의대여 금지, 제28조 손해배상책임)
3 감칙 제3조(감정평가법인등의 의무) ① **업수불곤**(업무수행 불가능 곤란) ② 이해관계등 = 감정평가 ×

실무기준상의 윤리규정

	품	품위유지	**전사요신부** 전문인으로서 **사회가** 요구하는 **신뢰**에 **부응**하여 품위유지
기본	**신**	신의성실 부자자 신성고과 전사지윤 양대부	부담감정평가 ×: **신성고과** - **신의**와 **성실**로 업무, **고의증과**실로 부당감정 × 자기계발: **전사지윤** - 전문인으로서 **사회요구** 부응, 전문지식 **윤리성** 함양 노력 자격증부당사용금지: **양대부** - 양도대여 부당행사 ×
	청	청렴	
	보	보수기준 준수	
업무	**의**	의뢰인에 대한 설명 등	**대상목적시점조건** 듣고 업무수행개요, **실비수수료 부담**될 내용 설명 / 물적불일치 **설명 조치** / **액산출과정근거**, **수수료실**비산출근거, **이의제기절차방법**, **그밖** 결과질의
	불	불공정한 감정평가 회피	**본인친족그밖불공정** 우려, **이해관계** 타당 ×
	비	비밀준수, 타인의 권리보호	

<table>
<tr><td rowspan="3">AVM
윤
리</td><td>

1. 의의(**실부자추컴**)

　실거래자료, 부동산가격공시자료 등을 활용하여 토지 등 부동산가치를 자동으로 **추정하는 컴퓨**
터 프로그램

2. 감정평가와의 관계(**효/보액**)

　감정평가 **효율성** 제고 목적, **보조적** 수단 활용가능, 감정평가액 ×

3. 활용시 유의사항(**알/데종범적/결적**)

　알고리즘, 사용되는 **데**이터 **종류범위적합성**, 산출된 **결**과물의 **적정** 여부

</td></tr>
</table>

6　감정평가의 분류

Ⅰ. 서(분류의 목적)

1. 이론구성에 대한 지침제공
2. 제도에 대한 지침
3. 감정평가활동의 능률화
4. 대상 부동산의 확정

Ⅱ. 제도상 분류

1. 평가주체에 따른 분류
2. 평가의뢰 동기에 따른 분류(= 강제성 여부에 따른 분류)
3. 법령의 규정에 따른 분류(= 법정평가와 일반평가)
4. 감정평가 결과의 활용목적에 따른 분류
5. 감정평가 목적에 따른 분류
6. 감정평가 주체의 구성인원수에 따른 분류

Ⅲ. 업무상 분류

1. 감정평가의 전제조건에 따른 분류
   (1) 기준시점에 따른 분류
      1) 소급평가
      2) 기한부평가
   (2) 감정평가 조건에 따른 분류
      1) 현황평가
      2) 조건부평가

2. 감정평가 주체의 복수 여부에 따른 분류
   (1) 단수평가
   (2) 복수평가
3. 전문성(감정평가수준)에 따른 분류
   (1) 1차 수준의 평가
   (2) 2차 수준의 평가
   (3) 3차 수준의 평가
4. 평가사의 소속 여부에 따른 분류
   (1) 참모평가
   (2) 수시적 평가
   (3) 일반평가
5. 일본『부동산 감정평가기준』에 따른 분류
   (1) 독립평가
   (2) 부분평가
   (3) 병합·분할평가
6. 평가기법상의 구분에 따른 분류
   (1) 일괄평가(감칙 제7조 제2항)
      1) 의의
      2) 적용 사례
   (2) 구분평가(감칙 제7조 제3항)
      1) 의의
      2) 적용 사례
   (3) 부분평가(감칙 제7조 제4항)
      1) 의의
      2) 적용 사례

🔑 암기 코드

감정평가 분류의 목적

이   **이**론구성에 대한 지침: 감정평가방법 체계화 기여

제   **제**도에 대한 지침: 정부가 감정평가제도 수립, 발전시키는데 지침

능   감정평가활동의 **능**률화에 대한 지침: 실무활동 능률화

확   대상부동산의 **확**정에 대한 지침: 조건, 목적 명백 = 대상부동산 확정 용이

이: 이론구성에 대한 지침
제: 제도에 대한 지침
능: 감정평가활동의 능률화
확: 대상부동산의 확정

감정평가의 분류
이제능 확실하게 분류를 해야지!
세부 키워드는 이론 제도 능률 확정입니다.

PART
01

7   감정평가의 업무영역

Ⅰ. 가치추계업무(Valuation Appraisal)

   1. 의의

   2. 시장가치(Market value) 추계의 기준성

Ⅱ. 평가컨설팅 업무(Appraisal consulting)

   1. 의의

   2. 세부적인 활동분야

     (1) 경제기반분석(Economic base analysis)

       1) 의의

       2) 부동산 평가목적의 경제기반분석

       3) 유용성

       4) 문제점(유의사항)(단비구경)

     (2) 비용편익분석(Cost Benefit Analysis)

       1) 의의

       2) 비용과 편익의 측정

     (3) 현금수지(흐름)분석(Cash flow analysis)

       1) 의의

       2) 유의사항

     (4) 타당성분석(Feasibility analysis)

       1) 의의

       2) 타당성 분석의 내용

       3) 타당성 분석의 종류

       4) 경제적 타당성 분석의 중요성

       5) 타당성 분석 시 유의사항

     (5) 토지이용분석(Land use studies)

       1) 의의

       2) 분석방법

   3. 컨설팅업무의 상호관계

Ⅲ. 감정평가검토(Appraisal Review) ▶ 기출 32회

   1. 의의 및 구별개념

   2. 감정평가검토의 종류

   3. 감정평가검토의 목적(유용성, 기능)

     (1) 정확성과 일관성 제고

     (2) 의사결정의 근거 제시

     (3) 다양한 수요자의 요구 충족

     (4) 위험의 평가관리

     (5) 감정평가의 질적 발전 도모

     (6) 감정평가의 신뢰성 제고

   4. 감정평가검토의 절차

5. 감정평가검토 시 유의사항
   (1) 보고서 전체를 대상으로 업무수행
   (2) 공정하고 객관적인 업무수행
   (3) 기준시점 당시의 관점과 시장상황에 근거
   (4) 평가전제 존중 및 평가내용 임의변경 금지
   (5) 의뢰인 및 원감정평가사와의 충분한 의견
       교환
   (6) 최종의견의 제시 시 중요도의 구분

6. 평가검토의 한계와 발전과제
7. 감정평가검토와 유사제도(감정평가 심사 및
   타당성조사)의 구분

🔑 암기 코드

평가컨설팅 업무의 종류

비　**비용편익분석: 투비편** 투입비용, 산출편익 비교분석(화폐적 척도 + 무형적, 간접적인 것 포함)

경　**경제기반분석: 경고인부가어영 지생유경** 지역경제기반 고용, 인구, 부동산가치에 어떤 영향

타　**타당성분석: 개성** 개발사업이 투하자본에 대한 요구수익률(기회비용)을 확보 여부, 0보다 큰지

토　**토지이용분석: 안분최** 토지 대안적 이용분석, 어떤 용도가 최인지 판단하는 것

현　**현금수지분석: 현입출ATCF** 현금유입, 유출, **비분**(세후현금수지(ATCF) / 지분투자액 수익률 분석

감정평가와 부동산컨설팅 비교

갈　① 접근방식, 방법론상 유사점(대상물건확정, 지역개별분석 자료수집, 가격제원칙, 평가방법)
　　② 실무적 공통점(권리분석, 현장조사 요구, 공익성, 사익성, 윤리성)

	개념	토지 등의 경제적 가치판정 결과 가액 표시	부문자분합대 부동산문제자료분석 합리대안
다	분석범위	미시적	미시적 or 거시적
	구하는 가격	시장가치, 객관적 가격, 기준시점 가격	투자가치, 주관적 가격, 확률(범위)개념
	분석기법	3방식, 지역분석, 최유효이용분석	NPV, IRR, DCF, 회수기간법, 민감, 최분석
	세무적 관점	세금고려 ×(DCF 제외)	세금고려 있음

평가검토의 목적(7조3항)

정: 일관성과 정확성 제고
의: 의사결정 근거 제시 여부
대: 대출기관의 위험관리 강화
감: 감정평가 질적발전 도모

11 현황기준 평가 원칙

I. 의의(기준시점에서 대상물건의 이용상황과 공법상 제한상태 기준 평가)

II. 현황기준 원칙의 예외에 해당하는 경우 감정평가방법

  1. 일시적인 이용과 불법적인 이용 제외

  2. 대상물건의 이용상황이 일시적인 이용인 경우

    (1) 최유효이용의 전제

    (2) 전환하기 위한 비용 고려

  3. 대상물건의 이용상황이 불법적인 이용인 경우

    (1) 합법적 이용의 전제

    (2) 전환하기 위한 비용 고려

12 개별평가와 일괄평가

I. 개설

II. 현행 토지 및 건물 평가제도의 현황 및 문제점

  1. 토지 및 건물 평가제도의 현황

    (1) 토지의 평가

    (2) 건물의 평가

  2. 토지 및 건물 평가제도의 문제점

III. 개별평가와 일괄평가의 필요성

  1. 개별평가

    (1) 의의

    (2) 개별평가의 필요성

      1) 제도적 측면에서의 개별평가

      2) 토지와 건물의 속성에 의한 개별평가

        ① 토지 속성에 의한 평가

        ② 건물 속성에 의한 평가

  2. 일괄평가

    (1) 의의

    (2) 일괄평가의 필요성

      1) 토지와 건물의 일체적 이용

      2) 토지와 건물의 일괄거래

IV. 개별평가와 일괄평가의 장단점

  1. 개별평가의 장단점

    (1) 장점

    (2) 단점

  2. 일괄평가의 장단점

    (1) 장점

    (2) 단점

13 시장가치와 투자가치의 비교

Ⅰ. 서

Ⅱ. 시장가치와 투자가치의 개념

  1. 시장가치의 개념

  2. 투자가치의 개념

Ⅲ. 양자의 다른 점과 같은 점

  1. 양자의 다른 점

    (1) 가치의 성격

    (2) 금융조건 및 세금조건

    (3) 최유효이용의 전제

    (4) 산정방법

    (5) 가치의 활용

  2. 양자의 같은 점

    (1) 가치의 다원성

    (2) 기준가치

    (3) 일치가능성

    (4) 수익방식의 중시

Ⅳ. 양자의 관계(투자의 타당성 판단 측면)

  1. 시장가치와 투자가치의 비교

  2. 기대수익률과 요구수익률의 비교

  3. 수익과 지출의 비교

Ⅴ. 결어

14 감정평가와 부동산컨설팅의 비교

Ⅰ. 서

Ⅱ. 감정평가와 부동산컨설팅의 비교

  1. 유사점

    (1) 접근방식 및 방법론상의 유사점

    (2) 실무적 공통점 및 부동산활동속성상의 유사점

  2. 차이점

    (1) 개념상 차이점

    (2) 분석범위

    (3) 구하는 가격의 성격

    (4) 분석기법

    (5) 세무적 관점

    (6) 조건의 검토

Ⅲ. 결(컨설팅과 감정평가의 관계)

부동산학의 기초

1 부동산의 특성과 파생현상

Ⅰ. 서

Ⅱ. 부동산의 특성 및 파생현상
1. 부동산의 특성
2. 자연적 특성
(1) 고정성
(2) 부증성
(3) 영속성
(4) 개별성

3. 인문적 특성
(1) 용도의 다양성
(2) 병합·분할의 가능성
(3) 사회적·경제적·행정적 위치의 가변성

Ⅲ. 결

🔑 암기 코드

부동산의 특성 및 파생현상

고	동지추정부위경: 동산구별, 지역분석필, 추상적시장, 정보활동, 부분시장, 위치가격, 경제적 감가
부	부문공수최원: 토지부족문제근원(지가상승원인), 공급곡선 수직(공급제한), 최유효이용원칙 근거(공급제한), 원가법 평가 어렵다(생산비법칙 적용 ×)
영	영수감투장: 영속적 효용, 수익환원법 평가 근거, 감가상각 적용배제, 투자심리 유발, 장기적 고려
개	개표일이: 개별분석 필요성, 표본추출 곤란, 일물일가 ×, 이론도출 어렵게
용	최용우다: 최유효이용원칙, 용도전환(경제적 공급), 우선순위 토지이용, 가격다원설 근거
병	병규한용기: 규모의 경제, 한정가격, 용도의 다양성지원, 기여의 원칙
사	장예시: 장기적 배려요구, 예측변동원칙, 시점수정 필연성

부동산 특성의 파생현상 　 고정성 동지부추정경위 　 부증성 공수부문최근원

고정성: **동**지부추정 경위
동산의 구별기준, 지역분석 필요성, 추상적시장, 정보활동, 부분시장, 위치가격, 경제적 감가

부증성: **부**문 공수 최원
토지부족문제 근원, 공급곡선 수직, 최원칙 근거, 토지원가법 적용X

영속성: **영**감투수장
감가상각 적용 배제, 투자심리 유발, 토지수익 영속적, 수익환원법 근거, 장기적 고려

개별성: **개**표일이
개별분석 필요성, 표본추출 어렵게, 일물일가X, 원리 이론도출 어렵게

용도의 다양성: **용**적최다우
우선순위중요성, 최원칙 적지론, 가격다원론, 용도전환 경제적 공급가능케

병합분할가능성: **병**규한용기
규모의 경제, 한정가격, 용도다양성 지원, 기여의 원칙 지원

사경행 위치가변성: **사**장예시
장기적 배려 요구, 예측변동원칙 근거, 시점수정 필연성

공수 부문 최근 넘버원!

공급곡선 수직
토지**부족문제** 근원
최원칙근거
원가법 적용 ×

PART
01

영속성 영감투수장	**개별성** 개표일이	**용도의 다양성** 용적최다우
영감님이 투수장이라구요?	개표했더니 일위야!	용적률 최다우!
영속성 **감**가상각 적용배제	**개**별분석 필요성 **표**본 추출 어렵게	**용**도전환 가능케 적지론
투자심리 유발 **수**익환원법근거 **장**기적 고려	**일**물일가원칙 적용× 원리, **이**론 도출 어렵게	**최**유효이용의 원칙 가격**다**원론 **우**선순위 중요성

병합분할 가능성 병규한용기   **사경행 위치의가변성** 사장예시

병규씨, 한용기 냈네!

규모의 경제
한정가격
용도의 다양성 지원
기여의 원칙 지원

사장님, 위치를 왜 바꾸셨는지
예시를 들어 설명해주세요.

장기적 배려요구
예측변동원칙의 근거
시점수정의 필연성

고정성: **동**지부추정 경위
동산의 구별기준, 지역분석 필요성, 추상적시장, 정보활동, 부분시장, 위치가격, 경제적 감가

부증성: **부**문 공수 최원
토지부족문제 근원, 공급곡선 수직, 최원칙 근거, 토지원가법 적용X

영속성: **영**감투수장
감가상각 적용 배제, 투자심리 유발, 토지수익 영속적, 수익환원법 근거, 장기적 고려

개별성: **개**표일이
개별분석 필요성, 표본추출 어렵게, 일물일가X, 원리 이론도출 어렵게

용도의 다양성: **용**적최다우
우선순위중요성, 최원칙 적지론, 가격다원론, 용도전환 경제적 공급가능케

병합분할가능성: **병**규한용기
규모의 경제, 한정가격, 용도다양성 지원, 기여의 원칙 지원

사경행 위치가변성: **사**장예시
장기적 배려 요구, 예측변동원칙 근거, 시점수정 필연성

---

2   기타 부동산의 특성

Ⅰ. **부동산의 경제적 특성(소림투위고내)**

  1. 의의

  2. 희소성

    (1) 의의

    (2) 희소성 문제의 해결 및 개선책

  3. 개량물(Improvements)의 토지효용가변성

    (1) 의의

    (2) Improvements의 유형 및 토지와의 관계

    (3) 토지가격과 Improvements on land

    (4) 평가 시 유의사항

  4. 투자의 고정성

  5. 위치의 선호성

  6. 고가성

  7. 내구성

Ⅱ. **건물의 특성**

  1. 개요 (종이개영생)

  2. 비영속성

  3. 생산가능성

  4. 비개별성

  5. 이동가능성

  6. 토지에의 종속성

Ⅲ. **부동산의 인접성 및 지역성**

  1. 인접성의 의의

  2. 부동산의 지역성

    (1) 지역성의 의의

    (2) 지역특성

(3) 지역의 변화
(4) 지역분석과의 관계
   1) 지역분석의 의의 및 필요성
   2) 지역성과의 관계

Ⅳ. 접근성에 따라 이루어지는 부동산의 가치변화
1. 접근성의 의의
2. 접근성에 따라 이루어지는 부동산의 가치변화
   (1) 접근대상에 따른 부동산의 가치 변화
   (2) 접근정도 및 실거리에 따른 부동산의 가치변화
   (3) 용도에 따른 부동산의 가치 변화

🔑 암기 코드

부동산의 경제적 특성

소	희소성: 부증성, 토지공급 비탄력성
림	개량물의 토지효용 가변성: 고정성, 인접성으로 토지는 개량물의 영향을 받음 ※ 개량물이 최미달인 경우 평가시 유의사항 인근지역 표준사용에 적합 = 물리적, 기능적 감가, 적합 X = 물리적, 기능적 + 경제적 감가 (적합의 원칙, 일치성 이용원리)
투	투자의 고정성: 영속성 ① 투하자본회수의 장기성(환금성 낮고 이탈 제한), ② 토지이용규제 등에 대한 적응 곤란성(고정성으로 이동불가)
위	위치의 선호성: 고정성 주거지역(쾌적성), 상업지역(수익성), 공업지역(경제성), 위치선호의 가변성(교통수단 발달 등)
고	고가성: 부증성, 진입탈퇴자유 X(유효수요), 수요·공급자 상대적 제한
내	내구성: 영속성, 내구재의 소비행위에 맞추어 장기금융이 필요

접근성

정의:	**노경시 대정용** 대상부동산이 위치하는 장소에서 다른 장소에 도달하는데 소요되는 시간, 경비, 노력 등으로 측정되는 상대적 비용
대	접근대상에 따른 변화: 접근대상에 따라 증가, 감가, or 동시에 작용
정	접근정도에 따른 변화: 가까우면 좋으나, 비례함수관계 x, 주차문제, 일방통행문제
용	용도에 따른 변화: 흡인력이 강하거나 독점력 강한 시설 접근성 중시 x(놀이공원 x 소매상)

3 부동산의 종별과 유형

Ⅰ. 서

Ⅱ. 부동산의 종별 및 유형

1. 의의
2. 부동산의 종별
   (1) 지역종별
   (2) 토지종별
   (3) 유의사항
3. 부동산의 유형
   (1) 택지
   (2) 건물 및 그 부지
   (3) 유의사항
4. 양자의 관계
   (1) 절차상 선후관계
   (2) 유형의 종별에의 피결정성
5. 부동산의 종류와 경제적 가치
   (1) 내용
   (2) 유의사항

Ⅲ. 감정평가와의 관계

1. 부동산 가격제원칙
2. 지역 및 개별요인의 분석
   (1) 지역분석
      1) 지역분석의 의의
      2) 부동산의 종별과 지역분석
   (2) 개별분석
      1) 개별분석의 의의
      2) 부동산의 유형과 개별분석
3. 감정평가 3방식과의 관계
   (1) 비교방식
   (2) 원가방식
   (3) 수익방식
4. 시산가액의 조정

Ⅳ. 결

🔑 암기 코드

부동산의 종별 및 유형	
종	**종용지토**: 부동산의 용도에 따라 구분되는 부동산(분류지역종별 + 토지종별)
유	**유이행권태**: 부동산의 유형적 이용 권리관계 태양에 따라 구분되는 부동산(분류자용 건물 + 부지, 임차권설정된 건물 + 부지, 구분소유건물 + 부지)
절	절차상 선후관계: 종별(지역분석) - 유형(개별분석)
피	유형의 종별에의 피결정성: 종별은 유형에 영향을 미친다.

심화논점

1 토지의 부증성과 용도의 다양성의 관계

Ⅰ. 개설

Ⅱ. 부증성 및 용도의 다양성의 개념
 1. 부증성
 2. 용도의 다양성

Ⅲ. 양자의 관계
 1. 희소성 개념의 완화
 2. 부증성은 용도의 다양성의 배경
 3. 공급의 비탄력성의 완화
 4. 최유효이용의 근거

03 부동산 가치론

1 가치와 가격의 개념

Ⅰ. 가치와 가격의 정의

  1. 가치의 정의

    (1) Adam Smith의 정의

    (2) Irving Fisher의 정의

  2. 가격의 정의

Ⅱ. 감정평가상 가치와 가격의 구별 논의

  1. 가치와 가격의 구별 논의 필요성

  2. 일원설(동일시하는 견해)

  3. 이원설(구별하는 견해 – 개과오다)

    (1) 개념상의 차이

    (2) 가치 = 가격 + 오차

    (3) 과거의 값과 현재의 값

    (4) 가치다원성

    (5) 외재적인 개념과 내재적인 개념

    (6) 객관적인 개념과 주관적인 개념

Ⅲ. 가격과 가치의 관계

  1. 가치와 가격의 변동방향

  2. 가치와 가격의 일치가능성

🔑 암기 코드

가치와 가격의 구별

개 개념상의 차이: 내구재, 영속성 가치가 타당

과 과거의 값(쉽게 알 수 있음) vs. 현재의 값(전문가 판단)

오 가치 = 가격 + 오차, 불완전요소

다 가치다원성 가격 = 하나(특정시점), 가치 = 무수히 많음(현재의 값)

가격과 가치의 관계

방 변동방향: ① 가치, 가격 동일 방향, ② 화폐가치, 가격은 역방향, ③ 수요(정)·공급(역)에 따라 변동

일 일치가능성: 일시적으로 괴리 → 장기적으로 일치(가격의 파라미터적 기능)

2 부동산 가격의 이중성(= 이중성격)

Ⅰ. 의의

Ⅱ. 일반재화와의 차이

Ⅲ. 감정평가와의 관계

🔑 암기 코드

부동산 가격의 이중성 **직아가영 발변다시영**	부동산의 가격이 직접 수요와 공급에 영향을 주는 것이 아니라 가치형성요인에 **영향**을 주고, 이는 부동산 가격의 발생요인을 변화시켜 다시금 부동산시장에 **영향**을 주는 것	

3 부동산 가격의 특징과 기능

I. 의의

II. 부동산 가치의 특징(교소장수개)

1. 교환의 대가인 가격과 용익의 대가인 임대료로 표시
2. 소유권 기타 권리이익의 가격
3. 장기적 배려 하에서 형성
4. 단기적으로 수요요인에 의한 가격 결정
5. 개별적으로 가격 형성

III. 부동산 가치의 기능(파자잠정)

1. 가격의 파라미터적 기능(parametric function) 및 정보제공 기능
2. 가격의 자원배분 기능
3. 잠재가격(Shadow price)으로서의 기능

🔑 암기 코드

부동산 가격의 특징

교	교환의 대가인 가격, 용익의 대가인 임대료: 영속성, 임대차 대상, 원본 과실 관계
소	소유권, 기타권리이익 가격: 고정성, 병합분할 가능성, 권리 순환
장	장기적 배려하 형성: 영속성, 과거 · 현재 · 미래의 장기적 배려하에서 형성
개	개별적 동기 특수사정 개입 용이: 일물일가법칙 ×
수	수요요인에 의한 가격결정: 부증성, 수요요인

부동산 가격의 기능

파	파라미터적 기능: 소비자와 생산자의 행동결정지표, 활동주체에게 정보 제공
자	가격의 자원배분 기능: 부동산자원 배분 다른 자원 부동산에 대한 배분 촉진(건축 유지 수선)
잠	잠재가격으로서의 기능: 완전시장에서 재화의 기회비용을 올바르게 반영하는 가격(현실시장 가격은 잠재가격이 되기 어려우나 감정평가가격은 잠재가격 기능)
정	정보제공

4 부동산 가치다원론

🔑 암기 코드

가치다원론의 이론적 근거

다	가치형성요인의 **다양성**: 한가지 가격만 형성 x(담보, 보상, 투기가치 등) 가형요 다양성 반영결과
정	감정평가의 **정확성**, **안정성** 평가의 정확성(다원적 개념이해), 평가의 안전성 제고(가치를 평가
안	목적에 따라 유형화) → 한가지 정형화된 가치만 평가했을 때보다 타당성이 높음
목	의뢰인의 **목적** 부응: 다양한 의뢰목적에 따른 결과산출 요구하므로 가치다원론 필요
기	감정평가의 **기능** 확대: 가치일원화 = 감정평가는 단순거래 참고목적이므로 업무영역 확대측면

가치의 종류

주관적 가치: ① 주관적(개심가) 판단에 따라 평가되는 가치, ② 제반자료 통해 증빙, 파악 ×
객관적 가치: ①②

당위가치: **당이규균** 당위성을 내포한 이상적, 규범적 가치로서 시장균형이 성립 시
존재가치: **존현대화** 현실 시장상황 반영, 객관적으로 확인가능

교환가치: **교매일용** 시장에서 매매를 전제로 일반적인 이용방법을 기준으로 한 객관적인 가치
사용가치: **특용사전** 특정한 용도로 사용된다는 것을 전제로 하여 파악되는 주관적인 가치

과세가치: 국가나 지방자치단체에서 취득세나 재산세 등의 각종 세금을 부과하는데 사용되는 기준으로 활
　　　　　용되는 가치, 관련법규에 의해 구체적인 기준과 절차에 따라 산정(표공)
보상가치: 공공의 필요에 따른 적법한 행정상의 공권력 행사로 인해 재산에 가하여진 특별한 희생에 대하
　　　　　여 공평부담의 견지에서 행정주체가 행하는 보상의 기준이 되는 가치, 관련법규에 평가기준과
　　　　　방법이 규정, 개발이익 배제와 정당보상 실현이 문제
담보가치: 은행 등 금융기관에서 해당 물건을 담보로 대출을 실행하기 위해 사용되는 가치 (미래 회수시점
　　　　　에 중점, 채권회수 중심, 단기 마케팅기간)
경매가치: 법원에서 경매절차를 진행하기 위한 최저입찰가격의 기준으로 사용되는 가치
청산가치: **청처매** 청산을 목적으로 일정한 처분계획에 따라 대상물건이 시장에서 매각되었을 때 획득할
　　　　　것으로 인정되는 가치(기준시점이 미래)
장부가치: 대상부동산의 최초 취득가격에서 법적으로 허용되는 방법에 의한 감가상각분을 제외한 나머지
　　　　　로 장부상의 잔존가치(회계 세무 목적)
보험가치: 보험금의 산정과 보상에 대한 기준으로 사용되는 가치
공익가치: 어떤 부동산의 최유효이용이 사적목적의 경제적 이용에 있는 것이 아니라 보존이나 보전과 같이
　　　　　공공 목적의 비경제적 이용에 있을 때 대상부동산이 지니는 가치
투자가치: **투목조발** 대상부동산이 특정한 투자자에게 부여하는 주관적 가치, 시장가치가 시장에서의 객관
　　　　　적 가치인데 반해서 투자가치는 투자자가 대상부동산에 갖는 주관적 가치, 투자에 소요되는 비
　　　　　용, 편익을 분석함으로써 추계됨
계속기업가치: **유기개총계** 유무형의 기업자산을 개별적이 아닌 총체적으로 매도한다고 했을 때 계속기업
　　　　　이 가질 수 있는 시장가치
　　　　- 계속기업: **미청미수무** 가까운 미래에 청산되지 않는 것, 확실하고 미래수명이 무기한적 회사
공정가치: **자부추합판거독당거** 한국채택국제회계기준에 따라 자산 및 부채의 가치를 추정하기 위한 기본
　　　　　적인 가치기준으로 합리적인 판단력과 거래의사가 있는 독립된 당사자 사이의 거래에서 자산이
　　　　　교환되거나 부채가 결제될 수 있는 금액

5 시장가치기준 원칙

PART 01

🔑 암기 코드

시장가치의 개념요소

토	토지등: 시장에서 거래되는 시장성 있는 재화
통	통상적인 시장: ① 현실에 존재하지 않는 시장 ×, 통상적인 부동산 거래가 이루어질 수 있는 시장, ② 현실적으로 불완전경쟁시장
충	충분한 기간 동안 거래를 위하여 공개: ① 기준시점 이전 출품, ② 매도자의 적정 마케팅 활동 수반
정	대상물건의 내용에 정통한 당사자 사이: ① 공개시장에 시장에 정통한 다수의 매수자·매도자 존재, ② 자기 이익을 위해 사려깊게 거래
신	신중하고 자발적인 거래가 있을 경우: 특별한 제약 거래동기 ×, 자발적 거래의사 ○, 강제적 수단 ×
성	성립될 가능성이 가장 높다고 인정되는 가액: 평균 ×, 빈도수 가장 높은 거래가능가격, 통계적 최빈치

"토지등"이란 다음 각 목의 재산과 이들에 관한 소유권 외의 권리를 말한다. 가. **토지** 및 그 정착물 나. **동산** 다. **저작권·산업재산권·어업권·광업권** 그 밖에 물권에 준하는 권리 라. 「**공장** 및 광업재단 저당법」에 따른 공장재단과 광업재단 마. 「**입목**에 관한 법률」에 따른 입목	"토지등"이란 **토지** 및 그 **정**착물, **동산**, 그 밖에 **대통령**령으로 **정**하는 **재산**과 이들에 관한 소유권 **외**의 권리를 말한다.	"토지등"이란 제3조 각 호에 해당하는 토지·물건 및 권리를 말한다. 제3조(적용 대상) 1. 토지 및 이에 관한 소유권 **외**의 권리 2. **토지**와 함께 공익사업을 위하여 필요한 입목, 건물, 그 밖에 토지에 정착된 **물건** 및 이에 관한 소유권 외의 권리

바. **자동차·건설기계·선박·항공기** 등 관련 법령에 따라 등기하거나 등록하는 재산 사. **유가증권**	3. **광업권 어업권 양식업권** 또는 **물**의 사용에 관한 권리 4. 토지에 속한 **흙·돌·모래** 또는 **자**갈에 관한 권리

시장가치 외의 가치의 예시

한정가격: 시장성을 갖는 부동산에 대해 타부동산과의 병합, 분할 등으로 인하여 시장이 상대적으로 한정되는 경우에 형성되는 가격(교환을 전제)

특정가격: 시장성을 갖는 부동산에 대해 법령, 사회적 요청에 따른 목적하에서 정상가격의 개 요소를 만족하지 않는 경우 형성되는 가격(교환전제 ×)

특수가격: 문화재, 교회, 학교 등과 같이 시장성이 없는 부동산에 대해 그 용도와 이용상황을 전제로 하여 경제적 가치를 적정히 나타내는 가격

---

6. 적정가격의 성격 및 시장가치와의 동일성 여부

Ⅰ. 서

Ⅱ. 적정가격의 성격
  1. 적정가격의 의의
  2. Sein 가격이라는 견해
    (1) Sein 가격의 개념
    (2) Sein 가격의 주장논거
  3. Sollen 가격이라는 견해
    (1) Sollen 가격의 개념
    (2) Sollen 가격의 주장 논거
  4. 검토

Ⅲ. 적정가격과 시장가치와의 관계
  1. 시장가치의 의의
  2. 동일한 개념이라는 견해
  3. 다른 가격 개념이라는 견해
  4. 검토

Ⅳ. 결

🔑 암기 코드

적정가격과 시장가치와의 관계

당 당사자 정통성 충족 ×
정 정상적인 거래 = 투기적인 거래, 비정상적인 거래 배제의 의미
목 목적: 법률목적상의 가격 vs. 시장성 중시하는 개념
적 적용분야: 부동산관련법규에서 규정 vs. 평가의 행위기준으로서의 가격개념
성 성격: 가치지향적·정책적 가격 vs. 현실적·객관적 가격

7 부동산 가치발생요인(효상유이)

Ⅰ. 서

Ⅱ. 효용(Utility)(편익)
　1. 의의
　2. 효용의 형태
　　(1) 쾌적성
　　(2) 수익성
　　(3) 생산성
　3. 일반재화와의 비교
　4. 가격결정요인과의 관련성

Ⅲ. 상대적 희소성(Scarcity)
　1. 의의
　2. 상대적 희소성의 원인과 해소방안
　　(1) 상대적 희소성의 원인
　　(2) 상대적 희소성의 해소방안

　3. 일반재화와의 비교
　4. 가격결정요인과의 관련성

Ⅳ. 유효수요(Effective Purchasing Power)
　1. 의의
　2. 일반재화와의 비교
　3. 가격결정요인과의 관련성

Ⅴ. 이전성(Transferability)
　1. 개념
　2. 이전성에 대한 비판

Ⅵ. 가치발생요인 간의 상호관련성

🔑 암기 코드

부동산 가치발생요인

효	인간의 욕구를 만족시킬 수 있는 재화의 능력(수요측면 가발요, 효용은 용도의 차이에 따라 쾌적성, 수익성, 경제성) ① 다용도, 영속적 vs. ② 단일, 소멸성, 취득 후 보유 vs. 취득 후 소비
상	인간의 욕구에 비해 그 수가 부족한 상태(용도적 측면 ○, 물리적 측면 ×), 부동산(부증성: 상대적 희소성) vs. 일반재화(물리적 대체가능: 절대적 희소성) [원인] 부증성, 고정성 ① 도시화, 소득수준 향상(토지수요 증가), ② 용도지역, 건폐율, 행정적 제요인 [해결방안] ① 공급↑ 최원칙에 따른 부동산 입체적·집약적 이용, 행정요인 조정, ② 수요↓ 인구조절
유	실질적인 구매능력, 살 의사 + 지불능력(고가성)

8 부동산 가치형성요인(일지개)

I. 서

1. 의의
2. 가치형성요인의 특성
   (1) 상호관련성
      1) 의의
      2) 유의사항
   (2) 유동성
      1) 의의
      2) 유의사항

II. 일반요인

1. 의의
2. 일반요인분석의 중요성
3. 일반요인의 지역지향성
   (1) 일반요인의 지역지향성의 의의
   (2) 일반요인의 지역지향성의 발생 원인으로
      서의 지역성
4. 일반요인의 종류

   (1) 자연적 요인
   (2) 사회적 요인
   (3) 경제적 요인
   (4) 행정적 요인

III. 지역요인

1. 의의
2. 지역요인의 중요성
3. 지역요인의 종류

IV. 개별요인

1. 의의
2. 개별요인의 중요성
3. 개별요인의 종류

V. 가치발생요인과 가치형성요인의 관계

VI. 결

🔑 암기 코드

가치형성요인의 특성

상	상호관련성: 요인들의 유기적 관련하여 가격 변화
유	유동성: 영속성 + 사경행 위치가변성 = 변동(변동, 예측원칙 의거 동태적으로 분석 파악)

일반요인 · 지역요인 · 개별요인

일	**대전가수전일**: 대상물건이 속한 전체사회에서 대상물건의 이용과 가격수준 형성에 전반적으로 영향을 미치는 일반적인 요인(사회적, 경제적, 행정적 요인) 지역지향성: **일지파영상** 일반적 요인이 지역에 따라 영향력의 정도가 상이하게 나타나는 것 사회적 요인: **부동산가격에 영향**을 미치는 일련의 사회적 환경 및 현상 경제적 요인: **부동산가격에 영향**을 미치는 일련의 경제적 상황 행정적 요인: **부동산가격에 영향**을 미치는 공법적 규제 및 기타의 행정적 조치
지	**대지가수 자사경행**: 대상물건이 속한 **지역**의 가격수준 형성에 영향을 미치는 **자사경행** 요인으로서 일반요인의 상호결합에 의해 가형요가 지역적 차원으로 축소된 형태
개	**대구가고개**: 대상물건의 구체적 가치에 영향을 미치는 대상물건의 고유한 개별적 요인

가치발생요인과 형성요인의 관계

① 수요·공급이론에 의해 부동산가격 형성

② 효용, 유효수요 변화(수요요인) → 수요곡선 이동

③ 상대적 희소성 변화(공급요인) → 공급곡선 이동

④ 인구의 증가, 핵가족화(사회적 요인) → 효용, 수요 증가

⑤ 토지이용규제(행정적 요인) → 상대적 희소성 유발

⑥ **가형요** → **가발요**에 영향: 수요·공급곡선 이동 → 부동산가격 변동 초래

9 부동산 가치형성과정

Ⅰ. 서

Ⅱ. 부동산 가치의 발생요인과 형성요인

  1. 가격발생요인

    (1) 의의

    (2) 내용

  2. 가격형성요인

    (1) 의의

    (2) 내용

  3. 가격발생요인과 가격형성요인과의 작용관계

Ⅲ. 가치형성과정

  1. 개요

  2. 가격 수준의 형성

    (1) 부동산의 지역성

    (2) 지역요인

    (3) 가격수준의 형성

  3. 구체적 가치의 형성

    (1) 부동산의 개별성

    (2) 개별요인

    (3) 구체적 가격의 형성

Ⅳ. 결

🔑 암기 코드

가격형성과정

가발요발 가형요형 지영가수 개개구

부동산의 가격은 **효상유 가발요**에 의해 **발생**, 자사경행 **가형요**에 의해 **형성**

① **개별성**에 따라 지역요인 **영향**을 받아 **가격수준** 형성 — ① 부동산의 **지역성**에 따라 지역요인 **영향**을 받아 **가격수준** 형성

  • 지역성: 지구상협상 사경행위 부동산은 지역구성요소, 상호, 협동 대체 경쟁 사경행위치점

  • 지역요인: 일반적 요인이 지역 자연조건과 결합, 지역적 범위로 축소 부상가영요인

  • 가격수준의 형성: 지지특가수(지역성 지역특성, 가격수준형성)

② **개별성**에 따라 개별요인 **영향** 받아 구체적인 가격으로 **개별화·구체화**되는 것

  • 개별성: 동일한 복수의 부동산은 없다는 특성, 가요, 가격, 수익 등을 개별화시킴

  • 개별요인: 개별적 특성을 반영하는 가격을 개별화, 구체화시키는 요인

  • 구체적 가격의 형성: **표가수 개구결** 표준적 사용과 가격 수준 + 개별화·구체화

10 가치이론 발달사

I. 서

　　1. 고전학파의 가치론

　　2. 한계효용학파의 가치론

　　3. 신고전학파의 가치론

　　4. 가치론의 요약

II. 가치이론 발달사

　　1. 고전학파

　　　(1) 생산비가치설

　　　(2) 가치발생요인

　　　(3) 가정된 효용(Assumed utility)

　　　(4) 생산비와 시장가격과의 관계

　　2. 한계효용학파(= 오스트리아학파)

　　　(1) 한계효용가치설

　　　(2) 가치발생요인

　　　(3) 기여된 효용

　　　(4) 효용 및 시장가격과의 관계

　　3. 신고전학파의 가치이론

　　　(1) Alfred Marshall의 조정

　　　(2) 단기에서의 시장가격

　　　(3) 장기에서의 시장가격

　　　(4) 수요와 공급의 균형

III. 가치이론이 가치평가이론에 미친 영향

　　1. 고전학파의 영향

　　2. 한계효용학파의 영향

　　3. 신고전학파의 영향

IV. 결

🔑 암기 코드

가치이론이 평가이론에 미친 영향

고　효고생가(효용, 고전학파, 생산비가치설, 가정된 효용)

한　유수한기(유효수요, 수요, 한계효용학파, 기여된 효용)

신　마단3시(마샬, 단수장공, 3방식, 시산가액 조정)

고　비용성(원가방식) 토지잔여법, 수익배분의 원칙, 최유효이용의 원칙

한　수익성(수익방식) 기여의 원칙(기여된 효용에 의해 가치 결정), 예측의 원칙(장래수익 흐름)

신　시장성(비교방식) 3방식 정립, 시산가액 조정

PART
01

심화논점

1 교환가치와 사용가치

Ⅰ. 소유권과 교환가치 및 사용가치의 관련성

Ⅱ. 교환가치와 사용가치의 의의 및 특성
  1. 교환가치
    (1) 의의
    (2) 특성
  2. 사용가치
    (1) 의의
    (2) 특성
    (3) 사용가치를 산정하는 경우

Ⅲ. 교환가치와 사용가치의 평가상 활용
  1. 전제조건에 따른 활용
  2. 평가대상에 따른 활용
  3. 가격과 임대료

Ⅳ. 결

2 청산가치와 계속기업가치

Ⅰ. 개요

Ⅱ. 청산가치와 계속기업가치의 개념
  1. 청산가치(liquidation value)
  2. 계속기업가치(going-concern value)

Ⅲ. 양자의 관계
  1. 평가방법
  2. 무형자산의 반영 여부
  3. 회사정리상 판단

3 AI상 시장가치 논의

Ⅰ. 개설

Ⅱ. 시장가치의 개념

Ⅲ. 시장가치에 대한 논란
  1. 측정기준의 문제
    (1) 논쟁의 내용
    (2) 결론
  2. 평가대상의 문제
    (1) 논쟁의 내용
    (2) 결론
  3. 존재가치와 시장가치의 문제
    (1) 논쟁의 내용
    (2) 결론
  4. 시장가치 정의 자체에 대한 문제
    (1) 논쟁의 내용
    (2) 결론

4 가치·가격·원가의 관계

04 부동산 가격제원칙

1 부동산 가격제원칙

Ⅰ. 부동산 가격제원칙의 의의 및 중요성

Ⅱ. 감정평가와의 관련성

Ⅲ. 부동산 가격제원칙의 분류

1. 최유효이용의 기준성
2. 토대가 되는 원칙
3. 내부 측면의 원칙
4. 외부 측면의 원칙

Ⅳ. 부동산 가격제원칙의 특징

1. 부동산의 특성 반영
2. 상호 유기적 관련성
3. 최유효이용원칙의 기준성

Ⅴ. 부동산 가격제원칙의 분류(종류)

1. 최유효이용의 원칙을 기준으로 한 분류
2. 부동산 특성을 기준으로 한 분류
3. 일반경제원칙과 비교한 분류

⚷ 암기 코드

부동산 가격제원칙의 특성

특 부동산의 특성 반영: 가격형성과정의 법칙성 추출이 가격제원칙

유 상호유기적 관련성: 가형요 상호유기적 관련성 가격제원칙도

기 최유효이용원칙의 기준성: 부동산 가격은 최유효를 기준으로 형성된다는 최원칙을 상위원칙

2 가격제원칙의 내용

Ⅰ. 최유효이용의 원칙

Ⅱ. 토대가 되는 원칙

1. 예측의 원칙
2. 변동의 원칙

Ⅲ. 내부측면의 원칙

1. 기여의 원칙
2. 수익배분의 원칙
3. 균형의 원칙
4. 수익체증·체감의 원칙

Ⅳ. 외부측면의 원칙

1. 적합의 원칙
2. 외부성의 원칙
3. 대체의 원칙
4. 경쟁의 원칙
5. 기회비용의 원칙
6. 수요 공급의 원칙

🔑 암기 코드

토대가 되는 원칙

예	감: 원가방식 감가수정 시 예측 바탕, 경제적 잔존연수 판단 지: 비교방식 지역·개별요인 비교에 있어 장래동향 판정 총: 수익방식 총수익, 환원율 결정의 지침
변	요: 가형요가 변동의 과정에 있다는 것을 인식, 각 요인 간의 상호인과관계 동적으로 파악 시: 기준시점 필요성 제시, 시점수정 이론적 근거 지: 지역은 확대, 축소, 집중, 확산의 변화과정, 지역분석, 지역요인 비교 시 유의

내부측면의 원칙

기	보: 거사비: 속성차이 가격보정 기초 추: 토지상 건물 등 추가투자판단 병: 병합에 공헌 한정가격평가 배: 배분법 잔: 토지잔여법 근거
수	기: 기업용부동산 감정평가 근거 잔: 토지잔여법, 건물잔여법 근거 공: 공헌도에 따라 총수익 배분
균	최: 균형점에서 최대이익 확보 기: 불균형시 기능적 감가요인 지침
수	배: 지가배분율 층효비산정 근거 추: 추가투자 적정성 판단 한: 한계층수 결정 입: 입체이용률 저해율 근거 공: 공중권 이용가치

외부측면의 원칙

경	일대: 일시적 초과이윤 과대평가 × 지정지: 지역사회 정보지식 바탕 초조: 일시적, 비정상적 초과이윤 조정
기	대체: 부동산 선택 대체성 판단기준 이용: 지역지구제로 이용할 수 있는 기회: 기회에 대한 대가까지 고려해야
외	시: 시장분석 등 분석에 중요 외가: 외부경제시, 그 가치만큼 높게
대	대가부: 대체가능한 부동산 매개 지설경: 지역분석: 대상지역 설정경계 파악 용경최: 개별분석: 용도경쟁 의해 최결정
적	분: 지역분석 근거 분: 시장분석 근거 경: 경제적 감가 근거
수	대: 개별성으로 인한 대체불가 완화 국부: 국시적 시장 → 분석을 부분시장별 피이: 피드백원리에 의한 가격이중성 근거

1 부동산시장 개관

🔑 암기 코드

부동산시장의 특성

불 시장의 불완전성

수 수급조절의 곤란성(부증성): 공급 비탄력, 가격 왜곡

제 제도적 제한과다(고정성): 부동산가격 왜곡, 시장조절기능 저하

비 비공개성(개별성): 사회적 통제, 공개 꺼리는 관행

국 국지성(고정성): 지역성 반영, 지역에 따라 부분시장 세분화

장 매매기간 장기성(고가성): 유동성, 환금성 면 곤란, 단기적 가격 왜곡

비 비표준성(개별성): 대량생산 곤란, 일물일가 ×

유 유용성과의 관계(고가성): 원활한 자금융통은 수요자 구매력 향상(이자율 하락 등)

부동산시장의 순기능

배 자원배분기능: 기존부동산 공간 수요자에 배분, 개량물 유지수선개축, 타재화 부동산 분배 촉진

교 교환기능: 부동산과 현금, 부동산 상호 간의 교환이 이루어지는 기능

수 수급조절기능: 수요변화에 따라 경제적 공급조절 유도, 경제적 공급조건 변화에 따라 적절수요 유도

가 가격창조기능: 매도자, 매수자 가격조정과정을 통해 시장가격 결정

정 정보제공기능: 부동산 활동주체에게 정보제공(투자자, 개발업자, 중개업자 시장정보 수집, 이용)

도 도시성장기능: 투자자는 토지수익의 극대화를 위해 토지자원 최대한 활용 = 도시성장

부동산시장의 한계

불 시장의 불완전성: 공급제한, 균형가격 성립 곤란, 독점화 = 불완전시장 = 효율성 문제 야기

시 시장실패: 외부효과, 공공재 문제로 부동산시장 실패 가능, 자원배분 형평성 문제 야기

공 공적개입의 필요성, 시장의 불완전성, 시장 실패시 토지자원배분기능 왜곡, 공적개입 필요

부동산시장의 분류

지 지리적 위치: 수도권시장(서울(강남, 강북), 인천, 경기도), 지방시장

용 용도: 주거용(아연세단), 상업용(상업, 업무, 오피), 공업용(공,물류센터), 농업용(전,답), 임업용

규 [가격] 저가, 중가, 고가(종부세 11억원 기준) / [면적] 소형, 중형, 대형규모 시장

가 가격의 유형: 매매, 임대차(전세, 보증금부 월세, 월세)

자 거래의 자연성 여부(일반거래시장, 경매시장, 공매시장)

상 시장참가자의 상대적 힘의 차이에 따른 분류: 매도자, 매수자 우위시장

2　부동산시장과 완전경쟁시장(강성효율적 시장)의 비교

Ⅰ. 서

Ⅱ. 양자의 비교
  1. 시장참여자수
  2. 제품의 동질성
  3. 기업의 진입과 이탈
  4. 완전한 정보

Ⅲ. 결

🔑 암기 코드

완전경쟁시장

수	시장참가자 수: [완] 다수 매수·매도인, 시장지배력 없고 가격순응자 [부] (고정성, 지역성) 한정된 매수·매도인, 가격형성 주체, (고가성) 한정된 참여자	
동	제품의 동질성: [완] 동질적, 일물일가 [부] (고정성, 개별성) 비표준화, 일물일가 X, 개별적 가격	
진	진입과 이탈: [완] 진입이탈 자유로움 [부] (고정성, 고가성) 진입이탈 제한, (투자고정성) 자본능력 있는 자만 진입 (환금성이 낮아) 단기 이탈제한	
정	완전한 정보: [완] 완전한 정보 공유, 정보비용 발생 X [부] (개별성, 거래비공개성) 정보활동 필요, 정보의 비공개성으로 감정평가 필요	

---

3 부동산 수요와 공급론

Ⅰ. 서

Ⅱ. 부동산 수요

  1. 의의

  2. 특징(유비 국수 차 전파)

    (1) 본원적 수요와 파생수요

    (2) 일회성 수요가 아닌 지속적인 수요

    (3) 차별화된 수요

    (4) 수요자의 수의 영향

    (5) 수요의 비탄력성

    (6) 국지적인 수요

    (7) 일정한 수준의 가격 유지

  3. 부동산수요의 결정요인

  4. 수요곡선

Ⅲ. 부동산 공급

  1. 의의

  2. 특징(독물 위장 전환)

    (1) 공급으로의 전환

    (2) 공간 및 위치의 공급

    (3) 공급의 장기성

    (4) 물리적 공급과 경제적 공급

    (5) 비탄력적, 독점적 공급

  3. 부동산공급의 결정요인

  4. 공급곡선

Ⅳ. 부동산시장의 균형

  1. 균형의 의미 및 구분

  2. 단기와 장기의 의미

4　거미집 모형(Cobweb process model)

Ⅰ. 의의

Ⅱ. 기본가정

Ⅲ. 거미집 모형에 의한 수요와 공급의 조정과정

Ⅳ. 의미(유용성)
1. 경기변동의 원인
2. 부동산 경기변동의 특징
3. 감정평가의 필요성

Ⅴ. 한계
1. 합리적 공급자인 경우
2. 기간구분
3. 대체의 가능성

5　효율적 시장이론(Efficient market theory)

Ⅰ. 서

Ⅱ. 정보의 효율성
1. 정보의 효율성의 개념
2. 효율적시장의 유형(구분)
    (1) 약성 효율적 시장
    (2) 준강성 효율적 시장
    (3) 강성 효율적 시장
3. 상호 관련성
4. 우리나라 부동산시장의 효율성

Ⅲ. 배분(할당)적 효율성(Allocationally Efficient)
1. 할당적 효율성의 개념
2. 할당적 효율성의 성립
3. 할당적 효율성과 부동산시장
    (1) 완전경쟁시장과 할당적 효율성
    (2) 불완전시장과 할당적 효율성
    (3) 부동산시장과 할당적 효율성

Ⅳ. 결

6　부동산시장 분석의 종류

Ⅰ. 부동산시장 분석의 종류
1. 시각적인 측면
2. 공간적인 측면
3. 경제적인 측면

7 부동산 경기변동

🔑 암기 코드

부동산 경기순환의 특징

진	진폭: 정점 더높, 저점 더낮(진폭 큼), 부동산 부증성 = 수급불균형 심화, 진폭이 더 크도록 만듦
주	주기: 일반경기보다 변동주기가 더 길다(공급비탄력성, 토지 영속성, 건물 장기성).
시	시차: 일반경기보다 뒤지는 경향, 용도별 차이, 주거용 - 일반경기와 역순, 상공업용 - 유사 대우경사 비대칭: 정점 ~ 저점(짧음) 저점 ~ 정점(김), 경기회복 느리고 후퇴는 빠름
개	개별성: 유형에 따라 개별적
국	국지성: 지역적으로 변량 진행 다름

부동산 경기의 측정지표

가	부동산가격 변동지표: 부동산가격 상승 = 경기상승국면, 건축비 상승, 투기 일시상승 상승국면 ×
거	거래량: 활황일 경우 거래 활발, 공실률 낮음
건	건축량: 건축허가면적, 실질건축면적 증가, 착공지연현상주의(경기후퇴조짐, 주택행정상 문제시사)
택	택지분양실적: 장래 도래 부동산 경기측정유리(장래토지활용도와 거래량과 밀접관계 선행지표)

경기변동의 측정방법

연	과거 추세치 연장: 회귀분석 활용 과거자료 추세 파악 경기측정(쉽게 적용/일직선상으로 움직 ×)
경	지역경제분석 등 경제분석에 의한 방법: 도모수시(일정수준 정확성/비용과다)
지	지수: 실거래가격지수, 거래량 등 지수(편리/경기흐름 일반화 곤란)
대	대체수요이용: 대체투자자산(예금금리, 채권수익률, 주가지수) 부동산경기역행지표(간편/정확성 담보 ×, 시대적 여건, 정부정책 따라 달라질 수)

감정평가 시 유의사항

제	가격제원칙: 변동·예측의 원칙
분	지역개별분석: ① 경기변동 - 지역개별가격 같은 방향, ② 국지성 상반가능, 3Lcycle, 지역적 변동유의
3	비교방식: [사례] 최신자료, 동일국면 [사정] 회복시장 투기성향 [시점] 기점 세분화 다른 변동률 적용 　　　　[요인] 가형요 경기순환 각 국면에서 파악(정점, 저점) 원가방식: [재조] 경기국면 영향, 신축원가(가격변동 심한 경우 원가보정 유의) 　　　　[감가] 경제적 감가 적정 여부 국면 따라 상이 수익방식: [순수] 경기국면 예측하여 순수익 예측(수익변화여부 예측) 　　　　[환원] 환원율 지가와 역관계, 하향시장: R상향조정, 상향시장: R하향조정, 금리동향)
시	시산가액: 투기적 요소 있는 자료 재택여부 유의

🪨 의의 암기 코드

부동산 경기의 측정지표	인가 금지 예주	장기지표에는 가격변동, 거래량, 금리, 공실률 단기지표에는 내적요인(인구, 가구수), 외적요인(금리, GDP), 대체요인(예금금리, 주가지수)

8　용도별 경기변동 및 경기변동의 종류

Ⅰ. 용도별 경기변동의 시차적 관계

　1. 경기순환의 종류

　2. 용도별 경기변동의 시차적 관계

　　(1) 주거용 부동산의 경우

　　(2) 상업용 및 공업용 부동산의 경우

3. 유의사항

지역분석과 개별분석

1 지역분석

Ⅰ. 서

Ⅱ. 지역분석(지필목방 대용개관 3유)

1. 의의
2. 지역분석의 필요성 및 목적
   (1) 부동산의 지역성 및 지역특성
   (2) 지역의 변화
   (3) 표준적 사용(최유효이용의 피결정성)
   (4) 가격수준의 파악
   (5) 사례자료의 수집범위의 결정
   (6) 상대적 위치 파악

3. 방법(순서)
   (1) 지역의 획정
   (2) 지역요인의 분석
   (3) 표준적 사용파악 및 가격수준의 판정

4. 지역분석의 대상지역

5. 용도지역별 지역요인(지역분석의 내용)
   (1) 개설
   (2) 택지지역의 지역요인
      1) 주거지역
      2) 상업지역
      3) 공업지역
   (3) 농업·임업지역
   (4) 후보지·이행지

6. 관련 부동산 가격제원칙
   (1) 적합의 원칙
   (2) 예측의 원칙
   (3) 변동의 원칙
   (4) 대체의 원칙

7. 감정평가 3방식과의 관계
   (1) 비교방식에서의 활용
   (2) 원가방식에서의 활용
   (3) 수익방식에서의 활용

8. 지역분석 시 유의사항 (일인동행)
   (1) 일반적 요인의 지역지향성
   (2) 명확한 인근지역의 경계설정
   (3) 동태적 분석의 필요성
   (4) 유사지역 동일수급권 분석의 동행
   (5) 부동산시장에 기반한 자료의 수집과 분석

🔑 **암기 코드**

지역분석의 의의

특표장수: 대상부동산이 속하는 **지역의 범위**를 확정하고, 그 지역 내 부동산의 가격형성에 영향을 미치는 **지역요인의 분석**을 통해 지역특성과 **장래동향**을 명백히 함으로써 대상부동산의 지역 내 전반적 위치와 **표준적 사용**을 파악하여 가격수준을 가늠하는 작업

지역분석의 필요성

특	지역성 및 지역특성: 부동산 지역성, 지역특성을 갖는다. → 가수영 지역요인 바탕, 분석필요
화	지역의 변화: 지역은 대상부동산 가격에 전반적 영향을 미치며 항상 변동: 지역분석 필요
표	표준적 사용: 지역특성은 표준적 사용에 의해 구체화 최판정의 유력기준: 지역분석 필요
범	사례자료 수집범위 결정: 지역특성이 동일, 유사한 지역의 종별 범위 명백 → 대체성 ○ 사례자료

지역분석의 목적

수	가격수준 파악: 가격형성은 독립적 형성 ×, 가수 판정 개구체적 가격 판정 시 적정성 인식 가능
사	사례수집범위: 3방식 적용시 사례자료 정확 필요. 감평 능률성
최	최유효이용 판정방향 파악: 지역분석 - 개별분석 최판정 방향 명백히
상	상대적 위치파악: 인근, 유사, 동일수급권까지 분석 + 상대적 위치 명확파악

지역분석의 방법

확	지역의 확정 : 현장답사 통해 명확히, 총선정 어렵 넓가수 파악 어렵, 유동확정(상대적 위치)
지	지역요인 분석: 용도지역별로 지역요인 의미 다르므로, **정확한 용도지역** 판단 + **요인파악 시장상황** 시장참여자 **거래관행** 분석, 투기요소 유무 판단
표	표준적 사용파악 및 가격수준 판정: 표준적(인근 개개부동산 최의 집약적, 평균적 사용방법), 최판정 유력기준, 가격수준(지역내 부동산 평균가격, 지역격차, 지역내 부동산 일반적, 표준적 사용상태와 장래동향 파악함으로써 판정 가능)

관련 부동산 가격제원칙

대	대체: 인근, 동일수급권 내 유사지역 = 대체관계 성립, 가서영, 대체 범위 정도 명백히 할 필요
변	변동: 지역요인, 특성은 부단히 변화지역 표준적 이용 가격 수준 변동 → 지역분석 동태적 파악
예	예측: 장래이익 현재가치지역 특성 부단히 변동 예측 원칙 의거 표, 장래동향 분석 판정
적	적합: 고정성, 주위환경과 적합해야 하며 부적절한 경우 경제적 감가문제 발생

감정평가 3방식과의 관계

비	사례자료 수집범위 확정(위치유사성), 시점수정(지역 동태적분석), 지역요인 비교(지역분석 활용)
원	재조달원가(최전제, 최 = 표 관련), 감가수정(경제적 감가, 경제상황, 주위환경, 시장환경 지역분석)
수	순수익: 최전제, 표준적 이용과 관련

지역분석 시 유의사항

일	일반인 지역지향성: 지역특성 자연조건과 결합 지역지향성, 지역범위로 축소된 일반인 대상
인	명확한 인근지역 경계: 인·범위 = 개별분석제약 1차가수 결정, 현장답사 범위 명확히(좁사넓가)
동	동태적 분석의 필요성: 부단히 변화, 예변 원칙하 동태적 파악
행	유사지역 동일수급권 분석의 동행: 상대적 위치, 동향 명백히 할 때 정도 높은 가격 구할 수 있음
수	부동산시장 기반 자료수집 분석: 부시장 현황, 시참자 행동, 거래상황 등을 실증자료분석 객관

2 개별분석 (개필최용 지관3유)

Ⅰ. 의의

Ⅱ. 필요성 및 목적

    1. 부동산의 개별성

    2. 가격전제로서 최유효이용의 판정

    3. 구체적 가격에 영향을 미치는 정도의 분석

    4. 지역분석과의 피드백 관계로 인한 적정성의 검증, 보완

Ⅲ. 개별분석의 방법

    1. 대상 부동산의 확정

    2. 개별요인의 분석

    3. 최유효이용의 판정 및 구체적 가격에 미치는 영향의 정도 분석

Ⅳ. 개별분석의 내용

    1. 토지의 개별요인

        (1) 주거지　(2) 상업지

        (3) 공업지　(4) 농업지

        (5) 임업지　(6) 후보지/이행지

    2. 건물의 개별요인

    3. 건물과 그 부지에 관한 요인

Ⅴ. 관련 가격제원칙

    1. 최유효이용원칙 및 지원원칙

    2. 변동·예측의 원칙

Ⅵ. 감정평가 3방식의 관계

    1. 비교방식에서의 활용

    2. 원가방식에서의 활용

    3. 수익방식에서의 활용

Ⅶ. 개별분석시 유의사항 (통장예계변)

    1. 대상 부동산의 명확한 확정

    2. 가치형성요인의 개별성

    3. 동태적 분석의 필요성

    4. 부동산시장에 기반한 자료의 수집과 분석

    5. 지역분석의 결과를 적정하게 활용

🔑 암기 코드

개별분석 의의

지표가수 개최구개구 지역분석 판정된 지역 표준이용과 가격수준 전제, 부동산의 개별성 근거하여 개별요인 분석, 최판정하고 대상부동산의 가격을 개별화·구체화시키는 작업

개별분석의 필요성 및 목적

개	부동산의 개별성: 물리적으로 동일한 부동산 가격형성 개별적 이루어지므로 개별분석 필요
최	가격전제로서 최유효이용 판정: 부동산가격은 최전제로 형성되므로 최판단 위해 개별분석
구	구체적 가격에 영향 미치는 정도의 분석: 다양한 가형요 개별부동산 구가격 어영 분석
피	지역분석과의 피드백 관계로 인한 적정성 검증, 보완: 표가수 → 최, 개구(피드백 관계) 적정성

관련 가격제원칙

최	최유효이용원칙 및 지원원칙: 개별분석 = 최판정 + 구체적 가격에 접근 작업
변	변예: 가형요는 끊임없이 생성유지소멸 등 변화, 개별요인도 부단히 변동 변동 원칙 유의, 과미현

개별분석의 방법

확	대상부동산 확정: 어떤 상태 기준, 최행태 달라지고 가영향 정도 상이하므로 대상부동산 확정
개	개별요인분석: 가형요 부동산 개별성에 따라 영향 정도 다름, 자사경행 구체적 영향정도 파악
최	최판정 및 구체적 가격 영향정도 분석: 핵심 = 최판정 + 구가격 영향정도 → 평가기법적용 가격 도출

감정평가 3방식의 관계

비	물적유사성(개별분석 결과), 비교과정(개별분석 결과 활용)
원	재조달원가(최상태 기준, 개별분석 결과), 감가요인(물기능적 감가: 개별분석 결과 기준 파악)
수	순수익(최전제 파악, 개별분석 순수익), 환원율(투자시장질적 비교법: 질적요소 평점 비교)

개별분석 시 유의사항

명	대상부동산의 명확한 확정: 대상부동산 설정범위 따라 최, 가영 파악 달라지므로 명확 확정
개	가치형성요인의 개별성: 개별성 가형요 이용상태, 구가영 달라지므로 개별적 특징 면밀 검토
동	동태적 분석 필요성: 제반요인이 최 구가에 미치는 영향은 시장상황 변화 시계열 동태적 분석
수	부동산시장에 기반한 자료의 수집과 분석: 부시장현황, 시참자 행동, 거래상황 실증자료분석 객관
지	지역분석 결과 적정 활용: 표가수 → 최개구에 영향, 지역분석 결과 적절 활용

3 　지역분석과 개별분석의 관계 및 3방식의 활용

Ⅰ. 지역분석과 개별분석의 관계

　1. 부동산의 종별과 유형에 따른 관련성

　2. 분석범위

　3. 분석순서 : 선후관계

　4. 분석목적

　5. 관련부동산 가격제원칙

　6. 표준적 사용과 최유효이용의 관계

　　(1) 일치성 여부

　　(2) 창조적 토지이용 영향

　　(3) Feed-back 관계

Ⅱ. 지역·개별분석의 3방식에의 활용(가격 측면)

　1. 개설

　2. 비교방식에의 활용

　3. 수익방식에의 활용

　4. 원가방식에의 활용

　5. 시산가액 조정 시

Ⅲ. 결

🔑 암기 코드

지역분석과 개별분석의 관계

분	분석범위와 선후관계: (지) 전체광역거시적 분석 (개) 부분국지구체미시적 분석 순서: 지 → 개분석
유	종별 유형 따른 관련성: (종별) 지역 표가수, (유형) 개별 최개구

목	분석목적 및 관련 가격제원칙: (지) 표가수, 적합, 외부측면 (개)최개구, 균형, 내부측면
표	표준적 사용과 최유효이용 관계(일창피)
	일치성 여부: 표준적(지역분석), 최유효(개별분석), 원칙적 표준이용에 적합한 것이 최유효이용, 반드시 일치하는 것은 ×(단일이용)
	창조적 토지이용: 창조적 토지이용이 침입, 계승된 경우 최유효 표준적 사용 변화 초래
	피드백 관계: 지역요인으로 지역특성 바뀌어 표준적 최이용 불일치한 경우 → 장기간이 걸려도 서로 일치하려는 속성(피드백관계)

지역·개별분석의 3방식에의 활용

비	사례수집: (지)위치적 유사성, (개)물적유사성
	사정보정: (개) 사례와 대상부동산의 개별적 사정 보정
	시점수정: (지) 인근지역 생애주기 활용, 지역 동태적 파악, 분석
	지역요인: 지역분석 결과 표준사용 파악하여 가격수준 가능
	개별요인: 개별분석 결과 최관적, 개구가격 가능
수	순수익: 최전제로 파악(개별분석), 최판단(지역분석), 간접법 순수익 지역, 개별요인 비교
	환원율: 시장추출법(인근부동산 추출시 지역분석), 투자시장질적비교법(질적평점 비교시 개별분석)
원	재조달원가: 개별분석 결과인 최전제
	감가수정: 경제적 감가(지역분석), 물리적, 기능적 감가(개별분석)
시	자료선택 적부: 일반, 지역, 개별요인 분석 적부 검토 시 활용
	물적 유사성 여부, 단가와 총액 관계에서 최이용 관계 등 고려

4 지역분석의 대상지역

Ⅰ. 개설(의의 및 분석 필요성)

Ⅱ. 인근지역

  1. 의의

  2. 특징

  3. 인근지역의 조건

  4. 인근지역 분석의 필요성

  5. 인근지역의 경계와 범위

    (1) 경계의 의의

    (2) 경계설정의 중요성(필요성)

    (3) 경계설정의 기준

    (4) 경계설정 방법(3단계)

    (5) 경계설정시 유의사항

  6. 인근지역의 Age−cycle pattern

    (1) 의의

    (2) 필요성

    (3) 단계별 특징

    (4) 유의사항

  7. 인근지역 분석시 유의사항

    (1) 일반요인의 지역지향성 고려

    (2) 인근지역의 범위설정에 유의

    (3) 장래동향의 분석

    (4) 인근지역의 상대적 위치 파악에 유의

    (5) 부동산시장에 기반한 자료의 수집과 분석

Ⅲ. 유사지역

  1. 의의

  2. 특성(요건)

  3. 분석의 필요성

    (1) 대체의 원칙

(2) 인근지역의 상대적 위치와 지역특성의
　　명확한 파악
(3) 지역의 변화
(4) 사례자료의 수집범위 확장

Ⅳ. 동일수급권

1. 의의
2. 특징
3. 분석의 필요성
　(1) 대체의 원칙
　(2) 지역요인의 변동

(3) 인근지역의 상대적 위치와 지역특성의
　　명확한 파악
(4) 사례자료의 수집범위 확장
(5) 개별분석을 위한 선행작업

4. 용도별 동일수급권 파악
　(1) 용도별 동일수급권 파악
　(2) 주거지　　(3) 상업지
　(4) 공업지　　(5) 농지
　(6) 임지　　(7) 후보지 및 이행지
5. 동일수급권 분석시 유의사항

Ⅴ. 결

🔑 암기 코드

인근지역의 경계와 범위

경계설정 방법(3단계)
1) 지역의 물리적 특성 검토: 토지이용 유사성, 구조유형, 건축기술, 유지비 등 주변분석 요함
2) 지도상에 예비적 경계 설정: 지도상 물리적 특성 변화하는 저점 연결
3) 예비적 경계 검토: 인구통계 자료대비 예경계검증, 인근주민 연령, 직업, 수익, 교육수준

경계설정 시 유의사항
1) 적정범위 설정: 넓가격수준판정 곤란, 좁사례수집 어려움
2) 동태적 분석 설정: 지역요인 영향받고 변화과정에 있으므로 동태적 분석
3) 과학화, 객관화: 정확한 인근분석 위해 컴퓨터 등 이용
4) 법상 용도지역과 불일치 가능성: 둘 이상 용도지역 혼재가능, 행정적 측면 중요 작용됨 유의

인근지역 분석 시 유의사항

법	인근지역 범위설정에 유의: 용기동법, 변화하므로 단순히 공법상 용도지역 ×, 실태주의 입각
상	인근지역의 상대적 위치파악에 유의: 주변지역, 동내 유사지역 지역요인 상대적 격차 파악해야
자	자료수집 및 부동산시장의 분석: 인근지역 포괄 광역지역요인, 시참자, 시장현황, 거래상황 분석
장	장래동향의 분석: 인근지역 변화과정과 주변 타지역 추이 동향 시계열적 분석(이행지, 예정지)

유사지역 분석의 필요성

대	대체의 원칙
상	인근지역 상대적 위치와 지역특성 명확 파악 개 개별분석 선행작업
변	지역의 변화
수	사례자료 수집범위 확장

동일수급권 분석의 필요성

대	대체의 원칙
개	개별분석 선행작업
변	지역요인의 변동
수	사례자료의 수집범위 확장

5 부동산시장의 분석

PART
01

6 부동산 간접투자방식의 활성화

07 최유효이용

1 최유효이용

Ⅰ. 최유효이용의 의의

1. 최유효이용의 중요성
2. 최유효이용의 개념

Ⅱ. 최유효이용의 이론적인 근거

1. 인간의 합리성 추구
2. 토지 할당
3. 최유효이용의 강제

Ⅲ. 최유효이용의 판단기준

1. 최유효이용의 판단의 의의
2. 최유효이용의 판단기준
   (1) 물리적 가능성
   (2) 법적 허용성
   (3) 경제적 타당성
   (4) 최대수익성
3. 최유효이용 분석의 순서

Ⅳ. 최유효이용의 분석

1. 최유효이용의 분석의 유형
2. 나지상태의 최유효이용분석
3. 개량부동산이 있는 상태의 최유효이용분석
4. 최유효이용분석의 결과

Ⅴ. 최유효이용 판정 시 유의사항

1. 통상의 이용능력이 있는 사람에 의한 이용일 것
2. 단순한 이용자에 의한 이용이 아닐 것
3. 예측 가능한 이용일 것
4. 장기적 고려를 통한 이용일 것
5. 수요분석에 유의
6. 동태적인 관점에서 분석할 것
7. 표준적 이용과의 관계를 고려하되, 특수상황의 최유효이용에 유의할 것

Ⅵ. 감정평가와의 관계

1. 평가의 가치전제
2. 지역분석 및 개별분석과의 관계
3. 감정평가 3방식과의 관계
   (1) 원가방식과의 관계
   (2) 비교방식과의 관계
   (3) 수익방식과의 관계

Ⅶ. 최유효이용의 장애요인

1. 경제주체의 비전문성
2. 부동산시장의 불완전성
3. 정부의 행정적 규제

Ⅷ. 결

🔑 암기 코드

최유효이용의 이론적인 근거

합	인간의 합리성 추구: 고정성 + 용도의 다양성(합리성 추구) 최이용 귀착
할	토지할당: 용도의 다양성, (대체경쟁과정) 최이용자에게 할당
강	최유효이용의 강제: 악화성향, 지속성, 비가역성 (공적규제)최이용 강제

최유효이용의 판단기준

물	자연적(토양하중지지력지형지세), 인공환경적(상하수도, 공공편익시설) + 경제적 효율성(개발비용과도)
법	공법상 규제(지역지구제, 환경기준) + 사법상 규제(용익, 담보물권설정), 장래규제변경 가능성 검토
경	경제적으로 타당한 이용(소득, 가치 > 총개발비용), 충분한 수요(토지이용흡수율 분석)
최	3가지 조건 충족 잠재적 용도 중 최고수익 창출용도(시장증거, 시장수익률과 동등수준 이상)

최유효이용의 분석

나	비수익성 = 개발후시장가치 - 건축 - 개발비용 / 수익성 = 부동산가치(직접환원법) - 개발비용 / 수익성 = 토지귀속소득 / 토지환원율, 환원(잔여환원법) 토지최
개	현재이용 타당(전환비용) (1) 법률적 이유 때문에: **비적법적 이용** (2) 경제적 이유 때문에 **중도, 비최유효이용** 전환이 타당(상업용으로, 건부감가 발생) (1) **일시적인** 이용 (2) **불법적인** 이용 * Capex필요 한 경우: 각대안별 "순영업소득 / 환원율-Capex"

최유효이용 판정 시 유의사항

통	객양통 이용능력 있는 사람, 특별한 능력 배제
단	단순이용자 x, 소유자 이용(계약내용 및 조건따라 이용방법 한정)
예	최효용 발휘시점 너무 멀면 예측 불확실성 객관성 잃을 가능성, 예측할 수 있는 기간 내
장	장기적 고려 통한 이용일 것: 일시초과수익 오해 ×, 이용수익 상당기간 계속(경쟁의 원칙)
수	해당 용도에 대한 충분한 수요 있는지 확인작업(수요 ×, 최유효 잠정 연기 or 중도적 이용 할당)
순	물법 → 경

감정평가와의 관계

특	표준적 이용과의 관계 고려하되 특수상황 최에 유의
전	평가의 가치전제: 최 전제형성 미달부분 감가(최유효이용원칙은 감정평가 가치전제)
가	가형요와의 관계: 표준적 이용(지역요인)은 최판정기준, 지역의 표준적 = 최유효이용: 최가능성
	원가방식: 재조달(최기준으로 산정, 간접법: 개별요인비교 최기준) / 감가수정(최미달 감가요인)
	비교방식: 개별요인(사례대상품등비교, 최원칙개별분석 판단기준) / 배분법 (토건사례부지 최상태)
3	수익방식: 순이익(최전제, 간접법: 개별요인비교 최기준) / 토지잔여법(대지의 순이익 구하기 위한 건물 및 부지의 수익사례 부지 최상태여야 함)

최유효이용의 장애요인

불	부동산시장의 불완전성: 고정성, 시장의 불완전성, 개별성 완전경쟁 제약 → 최방해 장애요인
행	정부행정규제: 불완전성 치유可(부동산가격공시제, 실거래가신고제), 정부법적규제 최진입지연
비	경제주체의 비전문성: 경제주체의 합리성 전제, 그러나 경제주체가 최판정하는 것 어려움

2 특수 상황에서의 최고최선의 이용분석

Ⅰ. 단일이용(single use)(개별적 최유효이용)

1. 의의 및 예
2. 내용
3. 유의사항

Ⅱ. 중도적 이용(interim use)

1. 의의 및 예
2. 내용
3. 감정평가 기준
　(1) 일치성 이용의 원리
　(2) 현황 기준 감정평가
　(3) 개량물의 가치
4. 유의사항

Ⅲ. 비최유효 이용(비최고최선의 이용)

1. 의의
2. 구별개념(중도적 이용과 비최고최선의 이용)
3. 감정평가기준
　(1) 현재의 복합부동산의 이용과 토지의 최
　　　유효이용이 같은 범주인 경우
　(2) 현재의 복합부동산의 이용과 토지의 최
　　　유효이용이 다른 범주인 경우
4. 유의사항

Ⅳ. 비적법적 이용(legally nonconforming)
　(= 법률적 최유효이용의 변경)

1. 의의 및 구별개념
2. 발생원인
3. 감정평가기준 : 프리미엄의 원천 및 처리방법
4. 유의사항

Ⅴ. 복합적 이용(multiple use)

1. 의의
2. 내용
　(1) 계획단위개발 (PUD)
　(2) 다용도건물
3. 유의사항

Ⅵ. 특수목적의 이용(special-purpose use)
　(= 특수 용도와 최유효이용)

1. 의의
2. 내용
　(1) 해당 용도에 대한 수요가 충분한 경우
　　　1) 감정평가 기준
　　　2) 유의사항
　(2) 해당 용도에 대한 수요가 부족한 경우
　　　1) 감정평가 기준
　　　2) 유의사항

Ⅶ. 투기적 이용(speculative investment)

1. 의의
2. 유의사항

Ⅷ. 초과토지(excess land)와 잉여토지(surplus land)

1. 초과토지(excess land)
　(1) 의의
　(2) 판정기준
　(3) 감정평가방법
　(4) 유의사항
2. 잉여토지(surplus land)
　(1) 잉여토지의 의의
　(2) 판정기준
　(3) 유의사항
3. 초과토지와 잉여토지의 차이

PART
01

🔑 암기 코드

<table>
<tr><td colspan="2">특수상황에서의 최고최선의 이용분석</td></tr>
<tr><td>단</td><td>주다독 주위용도와 전혀 다른 이용이 최유효이용, 시장수요 관계에서 파악(수요분석유의)</td></tr>
<tr><td rowspan="4">중</td><td>의의: 가미최도래예용대 가까운 미래에 대상부지나 개량부동산에 대한 최고최선이용이 도래할 것으로 예측될 때, 그 이용을 대기하는 과정상 현재에 할당되는 이용(전환비용, 현재이용 타당 時, 지상 노후건물 在)</td></tr>
<tr><td>일치성이용의 원리: 토개동용 토지와 개량물에 대하여 동일한 용도를 가정하고 평가해야 하며, 각각 분리된 용도로 평가해서는 안 된다는 원리
1) 용도상의 일치성: 토건 일체이용, 토 + 건 = 부동산가치(토지건물: 용도상 일치성 있어야 함)
2) 시계열상 일치성: 용도지역 전환(이행)지역인 경우 전환정도 따라 전후 중요성 판단
3) 적용시 유의사항: 개량물은 토지기여도 만큼 가치 ○, 물리적 수명 내라도 철거비용으로 (-)가능</td></tr>
<tr><td>유의사항: 최종개발 소요시간과 개발후 최의 중간적이고 예비적인 최상태로 판단, 개발 후 이익이 완전히 무시되지 않아야 함.</td></tr>
<tr><td>의의: 과현 과거에는 적법하게 건축되어 이용되던 부동산이 현재 법적규제에 부합하지 않는 경우(기득권 보호차원에서 허용, 불법적 이용과 구별)</td></tr>
<tr><td rowspan="3">비</td><td>발생원인: 고밀도규제 → 저밀도규제(주거지가 GB), 신구법령 간의 충돌(새로운 규제, 기존 강화)</td></tr>
<tr><td>프리미엄 처리방법: 토지가치, 개량물의 가치, 할증금으로 분리산출
▶ 할증금: 개량물이 경제적N 또는 허용기간까지의 할증분 현가화
　한일) 건부증가 토지귀속 / 미국) 토지 최전제로 평가, 할증분은 개량물의 가치에서 증감</td></tr>
<tr><td>통상적인 평가와 다른 이유: ① 대상부동산 나지상정 최상태 x, ② 그 이유가 행정적 법률적 요인에서 기인하기 때문(감정평가절차에서 고려해야 함)</td></tr>
<tr><td>비</td><td>나지상태최 ≠ 개량물, 개량물이 견고한 건물인 경우
▶ 개량물, 토지가 같은 범주(고층-저층): 물리, 기능적 감가
　다른 범주(상업-주거): 물리, 기능, 경제적 감가(일치성 원리적용하여 평가해야 함)</td></tr>
<tr><td>복</td><td>여용혼 하나의 토지에 여러 용도가 혼합되어 있는 이용계획단위개발: 복합아파트단지, 고층건물)</td></tr>
<tr><td rowspan="4">특</td><td>의의: 호텔, 극장, 대학, 교회, 공공건물 등과 같이 특정한 활동 위해 설계되고 운영되는 부동산</td></tr>
<tr><td>최분석시 유의[수중] ① 수요 파악(시장이 형성되어 있는지), ② 수요부족시 중도적 이용인지 분석</td></tr>
<tr><td>평가방법
수요가 충분한 경우(현재 이용 지속가능): 현재이용 = 최, 현재이용 전제로 평가(교환가치 성립 어려우므로 사용가치로 평가, 공시지가기준법 + 원가법)</td></tr>
<tr><td>수요가 부족한 경우: 현재이용 ≠ 최, 토지 최분석 수행, 건물 = 잔재가치, 폐재가치(건부감가 발생 가능) 토지가치 = 나지상정가치 - 철거비용(교환가치)</td></tr>
<tr><td>투</td><td>투자자가 부동산의 용도를 특별하게 정하지 않고 취득 후 별다른 운영을 하지 않은 채 보유만하면서 처분을 위한 준비상태에 있는 일시적인 현재이용(불확실성 높아 최예측 어려우므로 평가사는 미래 이용에 대한 일반적인 유형을 상정하여 합리적으로 판단해야 함)</td></tr>
<tr><td>초</td><td>초과토지: 현지필 독사별 ① 현존지상개량물에 필요한 적정면적 이상의 토지, ② 건부지와 다른 용도로 분리되어 독립적으로 사용될 수 있으므로 건부지와는 별도로 평가
판정시 유의사항: 지역분석 통한 표준적 사용과 유사용도 부동산의 시장자료 토대로 판정(주차장, 학교운동장은 초과토지 ×)</td></tr>
</table>

> 평가방법, 적정면적 판단: 초과부분 토지 따로 떼어 사용할 수 있는지 여부 고려 평가(각각 추계하여 전체 토지 가치 결정), 적정면적은 지역분석 통하여 파악된 전형적인 유사개량물의 건폐율 바탕으로 판단
>
> 잉여토지: **기독사업** ① 기존개량물 부지와 독립적으로 분리되어 사용될 수 없고, ② 별도의 최유효이용 용도에 이용할 수 없는 토지
>
> 판정 및 평가시 유의사항: 초과토지 vs. 잉여토지 - 인근유사토지의 표준적 이용상황, 건폐율, 도로 진입가능 여부 등에 따라 달리 판정 (잉여토지 < 정상토지가치이나, 합병이익 발생가능 유의)

심화논점

1 일치성이용의 원리(= 제합사용의 원칙) (Principle of Consistent Use)

Ⅰ. 의의

Ⅱ. 일치성의 구분
1. 용도상의 일치성
2. 시계열상 일치성

Ⅲ. 감정평가상 적용

Ⅳ. 적용 시 유의사항

암기 코드

일치성이용의 원리

<일치성이용의 원리> **토개동용**

토지와 개량물에 대하여 동일한 용도를 가정하고 평가해야 하며, 각각 분리된 용도로 평가해서는 안 된다는 원리

1) 용도상의 일치성: 토건 일체이용, 토 + 건 = 부동산가치(토지건물: 용도상 일치성 있어야 함)
2) 시계열상 일치성: 용도지역 전환(이행)지역인 경우 전환정도 따라 전후 중요성 판단
3) 적용시 유의사항: 개량물은 토지기여도 만큼 가치 ○, 물리적 수명 내라도 철거비용으로 (-)가능

3방식 총론

1 감정평가의 3방식

Ⅰ. 감정평가 3방식
  1. 비교방식
    (1) 의의
    (2) 근거
    (3) 적용대상
    (4) 장단점
  2. 원가방식
    (1) 의의
    (2) 근거
    (3) 적용대상
    (4) 장단점
3. 수익방식
    (1) 의의
    (2) 근거
    (3) 적용대상
    (4) 장단점

🔑 암기 코드

비교방식

근거 · 적용대상

대	대체의 원칙
시	시장성
수	수요공급이론

장단점

재	재생산 불가능 토지 평가
산	산식 간편, 이해 쉽다
순	순수익 예측, 감가수정 시 주관성 배제
인	인플레 지속 시 직접적 시장가치 지지수단
거	거래사례 있는 모든 부동산 적용 가능
시	시장성 원리로 실증적, 객관적, 설득력
호	호불황 심한 경우 신뢰성 ×
주	주관개입 가능성(요인비교 시)
거	거래사례 없으면 적용 불가능
사	사정보정 요인 파악 어려움
효	효율적 시장인 경우만 유효함

🔑 암기 코드

원가방식
근거 · 적용대상

대	대체의 원칙
비	비용성
생	생산비가치설

장단점

시	시장성 없는 특수목적 부동산 적용 가능
조	조성지, 매립지 토지 평가 가능
재	재생산 가능한 모든 부동산 평가
신	신축건물도 평가
공	공급자 측면, 논리적, 설득력
감	감가수정 어렵고 주관개입 가능성
시	시장성, 수익성 반영 안 됨
과	비용은 과거의 원가로 가치 정의 부합 x
재	재조달원가 파악이 어려움
재	재생산 불가능한 기성시가지 평가 어려움

🔑 암기 코드

수익방식
근거 · 적용대상

수	수익성
예	예측, 대체의 원칙
용	신고전학파(한계효용이론)

장단점

수	수요자 측면, 이론적 가치 본질에 부합
수	수익발생하는 모든 부동산에 적용 가능
활	활황 시 선행 경향이 있어 거래사례 유력 검증수단
임	임대용 부동산 평가에 유용
평	평가사의 주관 배제
가	가장 현실적 가치 추계, 비가치 추계
수	수익 없는 부동산에 적용 불가능

예	예측 오류 가능성
불	불완전 시장에서 순수익 환원율 파악 어려움
비	최미달, 비수익성 부동산 과소평가 가능성

수익방식의 문제점

구	부동산시장의 구조적 불완전성
자	수익자료 미비
환	환원율 산정 어려움
적	평가방법 적용상 어려움

2 3방식 병용에 대한 논의

Ⅰ. 3방식 병용의 의의

Ⅱ. 3방식 병용의 필요성

1. 각 방식의 상호 관련성
2. 부동산시장의 불완전성
3. 부동산시장의 개방화 및 국제화에 따른 시대적 요청
4. 각 방식의 특징 및 유용성과 한계
5. 단일 평가방식에 의한 오류의 방지
6. 평가주체의 주관 개입가능성
7. 평가의 합리성과 현실성 제고

Ⅲ. 단일방식 적용이 인정되는 경우

1. 곤란한 경우
   (1) 특수목적부동산
   (2) 자료의 신뢰성이 없는 경우

2. 불필요한 경우
   (1) 거래관행이 있는 부동산
   (2) 대상부동산의 성격

3. 법령이나 평가목적 및 평가조건에 따른 경우
   (1) 평가방식의 선택이 법령에 정해져 있는 경우
   (2) 평가목적 및 평가조건에 따른 경우

Ⅳ. 3방식 병용의 법률적 근거

1. 개설
2. 법률적 근거
   (1) 부동산가격공시법 제5조
   (2) 토지보상법 시행규칙 제18조
   (3) 감정평가법 제3조
   (4) 감정평가에 관한 규칙 제12조
3. 검토

🔑 암기 코드

3방식 병용의 필요성

상유	각방식의 상호관련성 및 유용성과 한계: 효상유 결합 3방식은 상호관련성, 유용성 + 한계
시주	시장불완전성 평가주체주관 개입성: 가격변동 심하고 투기성향 강 3면등가 어려움, 자의판단 × 객관
단합	단일평가방식 오류방지 평가합리성: 가격 일정범위 개념으로 볼 때 단일평가방식 오류 방지
개	부동산시장의 개방화, 국제화의 시대적 요청: 국제적 수준 평가기준 정립, 신뢰성 질적향상 도모

3 시산가액(= 시산가격, 시산가치) 조정

Ⅰ. 의의

Ⅱ. 시산가액 조정의 필요성

1. 시산가액 조정에 대한 견해
2. 필요성
   (1) 상관·조정의 원리
   (2) 3면등가의 한계
   (3) 평가방식의 특징과 유용성에 따른 한계
3. 검토(우리나라의 경우)

Ⅲ. 시산가액 조정방법 및 조정기준

1. 조정방법
   (1) 최적정 평가방법에 의한 방법
   (2) 가중평균에 의한 방법
   (3) 종합적인 판단에 의한 방법
   (4) 통계적 분석방법
2. 시산가액 조정의 기준 (대목시신)
   (1) 대상물건의 성격

(2) 평가목적
(3) 시장상황
(4) 자료의 신뢰성
   1) 자료의 정확성 (자수계)
   2) 증거의 양
3. 검토(감정평가실무기준상 조정방법 및 조정기준)

Ⅳ. 시산가액 조정 시 유의사항

1. 일반적 유의사항
2. 구체적 유의사항
   (1) 자료의 선택, 검토 및 활용의 적부
   (2) 부동산 가격제원칙 활용의 적부
   (3) 가치형성요인분석의 적부
   (4) 단가와 총액과의 관계
   (5) 3방식 특성에 따른 유의사항
   (6) 새로운 평가방법 적용의 타당성

Ⅴ. 결

🔑 암기 코드

시산가액 조정기준

대	대상물건 성격: 평가방법이 목적용도 적합(유형, 시장성격관련) 시장성 - 비, 수익성 - 수, 신축 - 원
목	평가목적: 목적, 용도(담보 - 원가법 ×, 대출금회수 가능한 거사비 시산가액이 보다 적정)
시	시장상황: 안정, 변동시장 = 비교, 수익, 급격히 변동원가법
신	자료의 신뢰성 • 자료의 정확성: 자수계(자료의 정확성, 수정의 정확성, 계산의 정확성) • 증거의 양: 질인 비교기준 지지, 질적 한계 보완

시산가액 조정 시 유의사항

자	자료의 선택, 검토 활용 적부: 어떤 평가방법 의한 자료 가장 잘되었는가에 따라 가중치 달라짐
칙	가격제원칙활용 적부: 평가의 전과정 가격제원칙 활용 적부는 객관성 좌우, 최원칙 적부 특중요
분	일지개분석 적부: 가수영일지개정확분석적용 확인, 시장분석결과 조정지침활용(수급동향, 행동원리)
단	단가와 총액의 관계: 단가총액 기준 따라 차이(총대단저, 고급주택 광평수토지 희소성으로 반대)

3	3방식 특성: 비급격한 호불황시 신뢰성 ×, 수 - 임대료의 지행성 있음에 유의, 원 - 공급자중심 가격
새	새로운 평가방법 적용의 타당성: 새감평방법 적용가능성 사전검토 여부, 적용과정 결과타당성

시산가액 조정

1. 시산가액(종결각산)
2. 시산가액조정(분유통일조)
   가(가평)
   종(수업종판조)
   최(가적판중다시검결)
   통(일분확구추범표)
   점(특) 구(법) 관(기상하관)

> 대상물건의 최종적인 감정평가액을 결정하기 위해 각각의 감정평가방식에 따라 산정된 금액 / 각 시산가액을 비교 분석하여 그들 사이에 존재하는 유사점과 차이점을 찾아내어 통일되고 일관된 가액이 도출될 수 있도록 조화시키는 작업 / 대목시신 종합적으로 고려하여 가중치를 부여한 후 평균하는 방법 / 대목시신 고려하여 수학적 계산방법 없이 종합적인 판단에 의하여 조정하는 방법 / 가장 적절하다고 판단되는 감정평가방식에 의한 시산가액을 중심으로 다른 감정평가방식에 의한 시산가액과의 검토를 통하여 결론을 내리는 방법 / 일정범위 내에 분포함 확률에 따라 구간추정에 의한 일정범위로 표시하는 방법

시산가액 조정 필요성

3	3면등가의 한계: 부동산 불완전시장, 가형요 변화, 동적 시장, 현실적 일치 × 시산가액조정 필요
특	평가방식 특징과 유용성에 따른 한계: 각 방식 한계 적용대상 구분, 특정방법 가격편의현상 방지
상	상관 조정의 원리: 효상유 상호유기적 결합, 가발요 유기적 관련성 바탕 상조원리 조정 요구

시산가액 조정방법

가	가중평균에 의한 방법: 대목시신 가평(산술평균 ×, 대목신 전반적 참작하여 가중치) (장)조정과정 객관적 근거 (단) 일정기준 없을 시 주관개입여지
종	최적정평가방법에 의한 방법: 가적판중 다시검결 가장 적절하다고 판단되는 방식에 의한 시산가액 중심으로 결론(금액 조정과정 ×, 넓은 의미에서 시산가액조정 가중치 100)
최	종합적 판단에 의한 방법: 대목시신 수업종판조 수학적 계산방법 동원 × 종합적 판단으로 조정, 근본적 의의에 부합하나 평가사의 주관판단 개입 여지
통	통계적 분석방법: 일분확구추범표 일정범위 내 분포할 확률분석기법 통해 결정

4 감정평가의 절차

Ⅰ. 감정평가 절차의 필요성
1. 주관적인 요소 배제를 통한 신뢰성 확보
2. 책임소재 파악에 기여
3. 의뢰인의 이해 증진
4. 능률성 제고

Ⅱ. 감정평가의 절차
1. 기본적 사항의 확정
   (1) 의의
   (2) 중요성
   (3) 대상 물건의 확정
      1) 물적 사항 확정
      2) 권리 관계 확정
   (4) 감정평가목적의 확정
   (5) 기준시점의 확정
      1) 의의
      2) 기준시점 확정의 중요성
      3) 기준시점과 (감정)평가시점과의 관계
   (6) 감정평가조건의 확정
   (7) 기준가치의 확정
      1) 의의
      2) 기준가치의 필요성
      3) 시장가치 외의 가치의 중요성

2. 처리계획의 수립
   (1) 의의
   (2) 중요성
   (3) 주요내용

3. 대상물건의 확인
   (1) 의의
   (2) 감칙 제10조(실지조사의 예외)
   (3) 대상물건의 확인 절차
      1) 사전조사
      2) 실지조사

   (4) 대상물건의 확인사항
      1) 물적사항
      2) 권리상태

4. 자료의 수집과 정리
   (1) 의의
   (2) 자료의 중요성
   (3) 자료의 종류
      1) 확인자료
      2) 요인자료
      3) 사례자료
   (4) 자료의 수집방법
      1) 징구법
      2) 실사법
      3) 열람법
      4) 탐문법
   (5) 자료의 정리

5. 자료검토 및 가치형성요인의 분석
   (1) 자료검토
   (2) 가치형성요인의 분석

6. 감정평가방법의 선정 및 적용
   (1) 의의
   (2) 내용

7. 감정평가액의 결정 및 표시
   (1) 의의
   (2) 감정평가액의 결정(= 시산가액의 조정)
   (3) 감정평가액의 표시
      1) 점추정치
      2) 구간추정치와 관계가치

🟫 의의 암기 코드

감정평가의 절차와 방법	기처대자자방결	기처대자자방결
기본적 사항의 확정	의대목시조기자 수	기본적 사항의 확정이란 감정평가의 기초가 되는 제반사항을 의뢰인과 협의하여 확정하는 단계(의대목시조기자수)
처리계획의 수립	대액결표	대상 물건의 확인에서 감정평가액의 **결정** 및 **표시**에 이르기까지 일련의 작업 과정에 대한 계획을 수립하는 절차
대상물건의 확인	사실 객신자충확않 천전법제물곤 유특가필	사전조사와 실지조사, 기본적 사항 확정 단계에서 관념적이고 형식적으로 확정된 공부상의 대상 물건을 실지조사를 통해 물리적 현황과 권리 관계의 실제와의 부합 여부를 확인
사전조사	사전구비물 권 위면 공정	실지조사 전에 감정평가 관련 **구비**서류의 완비 여부 등을 확인하고 대상물건의 공부 등을 통해 토지 등의 물리적 조건, **권리 상태, 위치, 면적, 공법상 제한사항, 제한 정도** 등을 조사
실지조사	실지 있다 현직	대상 물건이 있는 곳에서 대상 물건의 **현황** 등을 **직접** 확인하는 절차
자료수집 및 정리	물권이 확요사	대상 물건의 물적 사항, 권리 관계, 이용 상황에 대한 분석 및 감정평가액 산정을 위한 확인자료, 요인자료, 사례자료 등을 수집하고 정리하는 절차
자료검토 및 가치형성요인의 분석	신충검 일지개	자료의 **신뢰성, 충실성** 등을 검증하고 가치형성요인(일지개)을 분석하는 절차
감정평가방법의 선정 및 적용	**특목하이방가**형 요시산산정 (특허가시)	대상물건의 특성이나 감정평가 목적 등에 따라 적절한 하나 이상의 감정평가 **방법**을 선정하고 그 방법에 따라 **가치형성요인** 분석 결과 등을 토대로 **시산가액**을 산정하는 절차
감정평가액의 결정 및 표시	**시합조 가결 서표** (시가표)	감정평가 방법의 적용을 통하여 산정된 **시산가액**을 합리적으로 조정하여 대상 물건이 갖는 구체적인 **가치**를 최종적으로 결정하고 감정평가서에 그 가액을 **표시**하는 절차

🔑 암기 코드

감정평가 절차의 필요성

주책: 평가주체의 주관 배제, 평가 후 소송 등 법적 분쟁 발생 시 책임 소재 및 해결에 도움
이능: 의뢰인의 평가 결과에 대한 이해를 증진시키고 평가활동 능률성 제고

감정평가의 절차

기 의대목시조기자수를 의뢰인과 협의하여 결정하는 절차
처 대상물건 확인 ~ 액결표까지의 일련 작업과정 계획 수립하는 절차

대 사전조사 + 실지조사
1) 사전조사(사전구비물 권위면공정) 실지조사 전 구비서류의 완비 여부 등 확인, 물리적 조건, 권리 상태, 위치, 면적 및 **공법상의 제한내용**과 그 제한정도 등을 조사하는 절차(물권위면공제)
2) 실지조사(실지대현직) 실지조사 생략: **객신자충확안**(천전사법물곤, 유특가필)

자	(자수정_물권이분 확요사수정): 물권이 분석 및 확요사 수집 정리 절차 **확인자료**: 토지대장, 지적도, 건축물대장, 설계도면, 등기사항전부증명서 **요인자료**: 일반자료 지역자료, 개별자료 **사례자료**: 거래사례, 조성사례, 임대사례
자	(자검가분_신충검 일지개): 신충검 일지개 분석
방	(방선적_특목 가형요토대 시산가액산정)대상물건의 특성이나 감정평가 목적 등에 따라 적절한 하나 이상의 감정평가방법을 선정하고, 그 방법에 따라 가치형성요인 분석 결과 등을 토대로 시산가액을 산정하는 절차
결	(액결표_시합조 대구가최): 감정평가방법의 적용을 통하여 산정된 **시산가액**을 **합리적**으로 **조정**하여 대상물건이 갖는 **구체적인 가치**를 **최종적**으로 결정하고 감정평가서에 그 가액을 표시하는 절차

기본적 사항의 확정

의	의뢰인
대	대상물건의 확정조건: 기본조건(소재, 지목, 지번), 부가조건(부분, 일괄평가)
목	목적
시	가격조사완료날짜(미리정: 그 날짜에 가격조사가 가능한 경우), 감정평가서에 그 이유를 기재하여야
조	감정평가조건: (기가실다가득한조, 법의목특사, 내이검사)
기	기준가치
자	관련 전문가의 활용(자의일기: 자문 ○, 설명동의, 일관합리, 고려 ×, 수정, 기재) ① 감정평가를 수행할 때 필요한 경우에는 **관련 전문가의 자문**을 거쳐 감정평가할 수 있다. ② **필요성, 비용 및 기간** 등에 관해 의뢰인에게 **설명**하고 **동의** ③ 자문 등의 결과가 **감정평가절차, 감정평가방법** 등과 **일관성**이 있고 **합리적인지**를 충실히 **검토** 자문 등의 결과가 적절하지 않다고 판단: 자문 등의 결과를 감정평가에 고려하지 않거나, 수정하여 적용가능(이유 감정평가서에 기재)
수	수수료 실비 등

기준시점 확정의 중요성

가	가치의 본질: 장래이익 현가, 장기적 배려, 기준시점 확정(장래 이익의 "특정한 현재시점 가치")
변	변동의 원칙: 영속성, 사경행 가변성가형 변동, 부동산가격도 변동, 기준시점에서만 타당
책	책임소재: 평가사의 책임소재 명확히 하기 위해 필요, 기준시점에서 감정평가액 잘못 × 입증

기준시점과 평가시점의 관계

1. 의의: 기준시점은 가격결정 기준일, 평가시점은 사실상의 평가기준일(감정평가 행위를 실질적으로 마무리하는 감정평가서 작성일)
2. 시점확인의 중요성(가변책)
3. 양자의 관계:
   1) **일치함**이 원칙, 기준시점이 미리 정해진 경우는 평가시점에서 가격조사가 가능한 경우에 한해 **예외**적으로 일치 ×

2) 감정평가시점은 항상 **현재**로 표시, **기준시점**은 **과거(소급)**, **미래(기한부)**의 어떤 특정일이 될 수도 있음(상속세, 보험금, 소송, 타당성분석 등)

기준가치 확정의 필요성

1. 의의: 시장가치 원칙(감칙 제5조 제2항 시장가치 외의 가치 인정)
2. 필요성: ① 의뢰목적, 조건에 따라 평가액 차이가 생김. ② 평가의 도구성에 부합하기 위하여, ③ 가치다원론의 관점 적용 법률, 평가 기법 달라짐.
3. 가격의 종류: 시장가치(일반거래), 시장가치외 가치(시장이 한정, 시장을 전제하지 않는 경우)

대상물건의 확정과 확인의 관계

개	개념: 확정) 관념 형식적 대상 경계 권리 확정, 확인) 현실 실질적 물권관계 부합 여부 확인
절	절차: 감정평가의 절차(감칙 제8조) 기처대자자방결절차상 선후관계
불	불일치시 처리방법: 근소, 경정 부기후 평가, 동일성 인정 × 법률상 하자물건, 의뢰인 상의 후 조치

확정과 확인의 중요성

① 대상부동산 정확하게 확정(경계 외견상 불분명, 권리관계 복잡한 양상)
② 소유권 + 기타권리이익의 가격(물적 + 권리파악 중요)

물적 불일치 처리방법

계	위치 경계확인: 의뢰인 측량도면 제시받아 처리, 의뢰인과 협의해 직접 외부용역으로 처리 가능
목	지목: 현황의 지목을 기준으로 평가, 불법으로 변경된 경우 개별적 사안에 따라 달리 처리
소	소재지, 지번: 행정구역 개편 동일성 인정 정상평가, 그렇지 않은 경우 사유를 세밀하게 확인
위	건물정착물위면구: 등기변경가능성, 거래제약정도, 사동동일성여부판단, (내연수불일치 → 관찰감)

자료의 종류

확	대상물건확인 권리관계 확인에 필요한 자료: 토지대장, 지적도, 건축물대장, 설계도면, 등기사항전부증명서(물적 법적 분류 수집 정리)
요	대상물건의 가형에 영향주는 자사경행 요인분석에 필요한 일반자료 지역자료, 개별자료 - 일반자료(항상 변화가정: 추이, 동향분석 위해 가능한 넓게 수집) - 지역자료(용도지역별로 수집, 평소부터 수집정리) - 개별자료(부동산의 종류, 대상확정조건 등의 내용에 따라 적절 수집)
사	거래사례, 조성사례, 임대사례 등과 같이 감정평가 3방식의 적용에 필요한 자료 - 거래사례(비교방식: 실거래가격, 분양가격, 매매계약서, 등기사항전부증명서상 신고 내용 통해 거래금액 적정성 여부 확인) - 조성사례(원가방식: 조성지 매립지, 소지취득가격, 조성공사비, 부대비용, 유효택지화율, 성숙도 등 확인가능) - 임대사례(수익방식: 주차장, 고물상, 건물 사용 위해 임대차계약 이루어진 사례, 임대수익, 보증금, 전환율, 기타수익, 총비용, 임대차계약서 등 확인)

- 시장자료 등 그밖의 가격자료(물가상승률, 경제성장률, 지가변동률, 금리 환율 등 일반거시경제 지표, 그 밖에 제반자료)

자료수집방법

징	징구법: 의뢰인으로부터 제출 받음(평가활동 능률화, 유익자료 수집, 평가사 판단오도 가능성)
실	실사법: 현지조사 임장활동 통해 대상부동산 확인하고 가형요 파악, 신뢰성 높고, 능률성 떨어짐
열	열람법: 공부상 기재사항, 지적도 불분명 자료 문서 직접열람, 제시자료 × 신뢰성 없을 때 활용
탐	탐문법: 중개업자, 세무공무원, 관공서, 인근주민, 건축업자 탐문공개, 가장, 고용탐문법, 절충법

5 감정평가서(평가보고서) (Appraisal Report)

Ⅰ. 의의

Ⅱ. 감정평가서의 형식요건

Ⅲ. 감정평가서의 유형 및 작성기준
  1. 유형
    (1) 단엽식 감정평가서
    (2) 정형식 감정평가서
    (3) 서술식 감정평가서
    (4) 검토
  2. 작성기준
    (1) 분리작성기준
    (2) 객관적, 합리적 기준

Ⅳ. 감정평가사의 법률적 성격 및 감정평가사의 책임

Ⅴ. 결

심화논점

---

1 직접법과 간접법의 장단점

Ⅰ. 서

Ⅱ. 직접법과 간접법
  1. 직접법
    (1) 의의 및 성립근거
    (2) 장점
    (3) 단점
  2. 간접법
    (1) 의의 및 성립근거
    (2) 장점
    (3) 단점

Ⅲ. 감정평가 3방식의 적용
  1. 비교방식
  2. 원가방식
  3. 수익방식
  4. 기타 방식

Ⅳ. 간접법이 직접법보다 우수한 이유
  1. 성립근거상 우수성
  2. 3방식 적용상 우수성

Ⅴ. 결

---

2 대상 부동산의 확정과 확인과의 관계

Ⅰ. 개설

Ⅱ. 확정의 의의 및 내용

Ⅲ. 확인의 의의 및 내용

Ⅳ. 양자의 관계
  1. 개념적 측면
  2. 절차적 측면
  3. 확정과 확인의 불일치 시 처리방법

Ⅴ. 확정과 확인의 중요성

---

3 「감정평가법」 제3조 제1항 단서의 의미

Ⅰ. 개설

Ⅱ. 공시지가기준법 외의 감정평가방법 적용 가능
  여부

Ⅲ. 공시지가기준법 외의 감정평가방법 적용 예외

PART 02

각론

01 비교방식(거래사례비교법, 공시지가기준법)

1 거래사례의 수집 및 선택

Ⅰ. 거래사례 선정의 중요성

Ⅱ. 거래사례의 요건
1. 거래사례의 요건(= 사례수집기준)
   (1) 위치의 유사성(지역요인 비교가능성)
   (2) 물적 유사성(개별요인 비교가능성)
   (3) 시점수정의 가능성
   (4) 사정보정의 가능성
   (5) 배분법의 적용 가능성

Ⅲ. 거래사례의 수
1. 다수사례 수집의 필요성
   (1) 다수사례 수집의 기준
   (2) 다수사례 수집의 필요성

2. 유의사항
3. 대표성 없는 거래사례의 제거
   (1) 대표성 없는 거래사례의 종류
   (2) 검토 : 상기 거래사례가 제거되어야 하는 이유

Ⅳ. 매매사례분석 시 유의사항
1. 개설
2. 매매사례분석 시 유의사항 (확불대)
   (1) 자료의 확대해석의 금지
   (2) 불추종의 오류
   (3) 대표성 없는 자료
3. 유의사항

2 사례의 정상화

Ⅰ. 사례의 정상화의 의의

Ⅱ. 사정보정
1. 의의
2. 보정의 유형
3. 보정의 방법
4. 유의사항 및 개선 방안

Ⅲ. 시점수정
1. 의의
2. 시점수정방법
   (1) 사례물건의 가격변동률과 유형별 적용 방법
   (2) 지수적용법과 변동률적용법
3. 시점수정의 한계
4. 유의사항

Ⅳ. 가치형성요인의 비교(= 지역 및 개별요인 비교)
1. 의의
2. 비교절차
   (1) 거래사례가 인근지역에 있는 경우
   (2) 거래사례가 동일수급권 안 유사지역에 있는 경우
3. 비교대상과 비교시점
   (1) 지역요인의 비교
   (2) 개별요인의 비교
4. 격차율 산정방법
   (1) 개설
   (2) 종합적 비교법
   (3) 평점법
5. 가치형성요인 비교 시 한계 및 개선방안
   (1) 가치형성요인 비교 시 한계
   (2) 가치형성요인 비교 시 개선방안

🔑 **암기 코드**

> 거래사례에 **특수한 사정**이나 **개별적인 동기**가 반영되어 있거나 거래 당사자가 시장에 정통하지 않은 등 수집된 거래사례의 가격이 **적절**하지 못한 경우 그러한 사정이 없었을 경우의 적절한 가격수준으로 **정상화**하는 것

3 비교요소

Ⅰ. 비교요소의 의의

Ⅱ. 비교요소의 보정 순서

Ⅲ. 매매사례의 비교요소 (권금매 시위 물경 용비출)
  1. 거래조건의 보정
    (1) 부동산의 권익(개별요인)
    (2) 금융조건(사정보정)
    (3) 거래(매매)상황(사정보정)
    (4) 매수 직후의 지출(사정보정)
    (5) 시장상황(시점수정)

  2. 부동산 특성의 보정
    (1) 매매사례의 위치(지역요인)
    (2) 물리적 특성(개별요인)
    (3) 경제적 특성(개별요인)
    (4) 용도와 지역지구제(지역요인 또는 개별요인)
    (5) 비부동산 가치구성요소(개별요인)

4 비교분석의 방법 및 수정방법

Ⅰ. 비교분석방법
  1. 비교분석방법의 의의 및 종류
  2. 정량분석법 (대집감통그추비2임)
    (1) 의의
    (2) 대쌍자료분석법과 집단자료분석법
    (3) 감응도분석법과 통계적 분석법
    (4) 그래프분석법과 추세분석법
    (5) 추가적인 분석방법
  3. 정성분석법 (상순개)
    (1) 의의
    (2) 상대비교분석법

    (3) 순위분석법
    (4) 개인면접법

Ⅱ. 거래사례의 비교수정방법 (비금연)
  1. 비율수정법
  2. 금액수정법
  3. 연속수정법

Ⅲ. 결

심화논점

---

1 배분법

---

2 공시지가기준법

Ⅴ. 그 밖의 요인 보정

  1. 의의

  2. 그 밖의 요인 보정방법

    (1) 대상토지 기준 산정방식

    (2) 표준지 기준 산정방식

  3. 관련법규

    (1) 감정평가에 관한 규칙(제14조)

    (2) 감정평가 실무기준

       (610.1.5.2.5 / 810.5.6.6)

    (3) 토지보상법(제70조 제1항)

  4. 판례

  5. 타당성 검토

  6. 유의사항

Ⅵ. 거래사례비교법과의 공통점과 차이점

  1. 거래사례비교법의 의의

  2. 거래사례비교법과의 공통점

    (1) 비교방식 논리

    (2) 대체의 원칙

    (3) 개별요인 절차 필요

  3. 차이점

    (1) 사정보정 및 그 밖의 요인 보정

    (2) 단가 및 총액

    (3) 토지평가 방법 및 건부감가 여부

🔑 암기 코드

1. 적정가격 기준 및 실제용도 기준 평가

표준지의 평가가격은 적정가격을 기준으로 결정하되, 시장에서 형성되는 가격자료를 충분히 조사하여 표준지의 객관적인 시장가치를 평가한다. 표준지의 평가는 공부상 지목에도 불구하고, 공시기준일 현재의 이용상황을 기준으로 평가하며, 일시적인 이용상황은 이를 고려하지 아니한다.

2. 나지상정 및 공법상 제한상태 기준 평가

표준지의 평가에 있어서는 건물이나 그 밖의 정착물 및 사용수익을 제한하는 사법상 권리가 설정되어 있는 경우에는 나지상태를 상정하여 평가한다. 표준지의 평가에 있어서는 일반적인 계획사항만이 아니라 개별적인 계획제한사항이 있는 경우 모두를 반영하여 평가한다.

3. 개발이익 반영 기준 평가

표준지의 평가에 있어서 개발이익은 이를 반영하여 평가한다. 다만, 그 개발이익이 주위환경 등의 사정으로 보아 공시기준일 현재 현실화·구체화되지 아니하였다고 인정되는 경우에는 그러하지 아니하다.

4. 일단지의 평가

용도상 불가분의 관계에 있는 2필지 이상의 일단의 토지 중에서 대표성이 있는 1필지가 표준지로 선정된 때에는 그 일단지를 1필지의 토지로 보고 평가한다.

5. 평가방식의 적용

표준지의 평가는 거래사례비교법, 원가법 또는 수익환원법의 방식 중에서 해당 표준지의 특성에 가장 적합한 평가방식 하나를 선택하여 행하되, 다른 평가방식에 의하여 산정한 가격과 비교하여 그 적정 여부를 검토한 후 평가가격을 결정한다.

원가방식(원가법)

1 재조달원가

Ⅰ. 서

Ⅱ. 재조달원가의 의의 및 종류

1. 의의
2. 성격
3. 종류
   (1) 복제원가(재생산비용)(Reproduction Cost)
   (2) 대치원가(대체원가)(Replacement Cost)
   (3) 복제원가과 대치원가의 비교
      1) 원가의 크기
      2) 감가수정 방법
      3) 대치원가의 유용성
      4) 복제원가의 유용성

Ⅲ. 재조달원가를 구하는 방법(비용의 추계와 수정)

1. 직접법과 간접법
2. 비용추계방법 (총구단비)
   (1) 개요
   (2) 총량조사법(Quantity survey method)
   (3) 구성단위법(Unit-in-place cost method)
   (4) 단위비교법
   (5) 비용지수법

Ⅳ. 재조달원가 관련 유의사항 (대구방)

1. 대체비용 적용 여부 및 대체원가 적용 시 감가수정
2. 재조달원가 구성항목의 문제(구성)
3. 재조달원가 산정방법의 병용 필요성(방법)

2 감가수정

Ⅰ. 서

Ⅱ. 이론적 근거

Ⅲ. 감가요인의 유형

1. 개설
2. 감가요인
   (1) 물리적 감가요인 (사시자재)
   (2) 기능적 감가요인 (건설설형능)
   (3) 경제적 감가요인 (인환시)
   (4) 법률적 감가

Ⅳ. 감가수정 방법

1. 감가수정의 방법의 구분
2. 직접법 (내분관)
   (1) 내용연수법 (연수수명법)
   (2) 분해법(Break-down method)
   (3) 관찰감가법(Observed condition method)
3. 간접법 (시·임)
   (1) 시장추출법(Market extraction method)
   (2) 임대료손실환원법(Capitalization of rent method)

Ⅴ. 감가상각(회계학상)과 비교

Ⅵ. 감가수정 시 유의사항 (복병경개)

Ⅶ. 결

3 내용연수법

Ⅰ. 내용연수법
1. 내용연수법의 의의
2. 정액법(= 균등상각법, 직선법)
3. 정률법(= 체감상각법, 잔고체감법)
4. 상환기금법

Ⅱ. 내용연수의 조정
1. 내용연수 조정의 의의
2. 내용연수 조정
   (1) 내용연수 조정의 필요성
   (2) 유효연수법(유효경과연수법)
   (3) 미래수명법(잔존내용연수법)
3. 내용연수 조정 시 유의사항

심화논점

---

1 감정평가 3방식에서 감가수정의 반영

Ⅰ. 서

Ⅱ. 감가수정과 3방식에서의 반영
1. 개요
2. 원가방식과 감가수정
   (1) 평가과정의 일부
   (2) 과거에 대한 감가

3. 비교방식과 감가수정
   (1) 비교·수정 과정의 일부
   (2) 가치 상승요인의 고려
4. 수익방식과 감가수정
   (1) 미래에 대한 감가
   (2) 자본회수의 의미

Ⅲ. 검토

---

2 재조달원가에서의 비용분석과 효용의 고려

Ⅰ. 서

Ⅱ. 재조달원가에서의 비용분석과 효용의 고려
1. 재조달원가의 의의 및 성격
   (1) 의의
   (2) 성격
2. 비용분석과 효용의 반영
   (1) 재조달원가의 투자성
   (2) 간접법의 중시(대치원가 적용)
   (3) 최유효이용의 준거

Ⅲ. 감가수정에 있어 비용분석과 효용의 고려
1. 감가수정의 의의 및 이론적 근거
   (1) 의의
   (2) 이론적 근거
2. 감가수정에 있어서의 비용분석과 효용의 반영
   (1) 물리적 감가액 판단 시
   (2) 기능적 감가액 판단 시
   (3) 경제적 감가액 판단 시

Ⅳ. 결

03 수익방식(수익환원법)

1 환원방법

2 순수익

<table>
<tr><td>

Ⅰ. 서

Ⅱ. 순수익의 개념 및 요건
  1. 순수익의 개념
  2. 순수익의 요건 (통계안합)
    (1) 개설
    (2) 통상적인 이용
    (3) 일정기간 계속적, 규칙적으로 발생할 것
    (4) 안전, 확실한 것일 것
    (5) 합법적, 합리적으로 발생한 것일 것

Ⅲ. 순수익 등 산정방법
  1. 개설
  2. 유효총수익의 산정
    (1) 유효총수익
    (2) 산정방법
      1) 가능총수익(PGI : potential gross income)
        ① 보증금(전세금) 운용수익
        ② 연간 임대료
        ③ 연간 관리비 수입
        ④ 그 밖의 수입
      2) 공실손실상당액 및 대손충당금
        ① 공실손실상당액
        ② 대손충당금
  3. 운영경비의 산정
    (1) 운영경비
    (2) 운영경비 항목
      1) 용역인건비·직영인건비

</td><td>

      2) 수도광열비
      3) 수선유지비
        ① 일반관리비
        ② 시설유지비
      4) 세금·공과금
      5) 보험료
      6) 대체충당금
      7) 광고선전비 등 그 밖의 경비
    (3) 운영경비 산정 시 유의사항
  4. 세전현금흐름 및 세후현금흐름
    (1) 세전현금흐름(BTCF : Before Tax Cash Flow)
      1) 저당지불액(DS : Debt Service)
      2) 세전현금흐름
    (2) 세후현금흐름(ATCF : After Tax Cash Flow)
      1) 소득세 또는 법인세
      2) 세후현금흐름
  5. DCF법 적용 시 기간 말 복귀가액의 산정방법
    (1) 기간 및 복귀가액의 의의
    (2) 내부추계법
    (3) 외부추계법

Ⅳ. 순수익 산정시 유의사항
  1. 최근사례수집
  2. 최유효이용상태
  3. 장래동향파악
  4. 안정적 수익
  5. 회계학적 순수익과 구분

</td></tr>
</table>

3 자본환원율

Ⅰ. 서

Ⅱ. 자본환원율 종류 및 성격

  1. 종류

    (1) 개별환원율과 종합환원율

    (2) 상각전 환원율과 상각후 환원율

    (3) 세공제전 환원율과 세공제후 환원율

    (4) 구성부분 등에 따른 자본환원율

  2. 성격

    (1) 장래이익을 현재가치로 환원하는 이율

    (2) 필수적 투자수익률

    (3) 가격의 폭을 가늠하는 지렛대 역할

    (4) 자본화승수

Ⅲ. 환원율 조정의 필요성

  1. 순영업소득의 종류에 따른 필요성

  2. 순영업소득 변동에 따른 필요성

  3. 부동산 가치증감에 따른 필요성

Ⅳ. 환원율과 할인율의 관계

  1. 의의

  2. 공통점

  3. 차이점

    (1) 대상소득

    (2) 성격

    (3) 활용

    (4) 산정방법

  4. 양자의 관계

    (1) 이론적 관계

    (2) 일치가능성

    (3) 기간초의 가치와 재매도액과의 관계

Ⅴ. 결

4 환원율과 할인율의 산정방법

Ⅰ. 환원율 산정방법 (시조투엘부 유시)

  1. 개설

  2. 시장추출법

    (1) 의의

    (2) 내용

      1) 직접시장비교법

      2) 투자시장 질적비교법

    (3) 장단점

  3. 요소구성법(조성법)

    (1) 의의

    (2) 내용

    (3) 장단점

  4. 투자결합법

    (1) 의의

    (2) 물리적 투자결합법

      1) 의의

      2) 산식

      3) 장단점

    (3) 금융적 투자결합법

      1) 의의

      2) 산식

      3) 장단점

  5. 유효총수익승수에 의한 결정방법

    (1) 의의

    (2) 산식

  6. 시장에서 발표된 환원율

    (1) 의의

    (2) 유의점

7. Ellwood법
   (1) 의의
   (2) 산식
   (3) 장단점
8. 부채감당법(Gettel법)
   (1) 의의
   (2) 산식
   (3) 장단점

Ⅱ. 할인율의 산정방법

1. 개설
2. 투자자조사법(지분할인율)
   (1) 의의
   (2) 유의점

3. 투자결합법(종합할인율)
   (1) 의의
   (2) 물리적 투자결합법
   (3) 금융적 투자결합법
4. 시장에서 발표된 할인율
   (1) 의의
   (2) 유의점

Ⅲ. 실무상 환원율 및 할인율 결정 시 유의사항

심화논점

1 소득접근법의 발달과정에서 나타난 3대 논쟁

Ⅰ. 서

Ⅱ. 자본회수율에 대한 논쟁

1. 개설
2. Hoskold의 상환기금법(Hoskold법)
3. O'Donahue의 연금법(Inwood법)
4. 결론 및 평가

Ⅲ. 물리적분석법 대 금융적 분석법

1. 개설
2. 물리적분석법

3. 금융적분석법
   (1) 물리적분석법에 대한 비판
   (2) 금융적분석법의 도입 및 발전
4. 평가

Ⅳ. 직접환원법(= 소득환원법) 대 할인현금흐름분석법

1. 개설
2. 논쟁의 초점
   (1) 가치추계의 대상수익 : 세금신분의 문제
   (2) 가치추계의 기준기간
3. 논쟁의 결론

Ⅴ. 결

2 기대수익률 · 요구수익률 · 실현수익률

Ⅰ. 개설

Ⅱ. 수익률의 종류

  1. 기대수익률

  2. 요구수익률

  3. 실현수익률

Ⅲ. 각 수익률간의 관계

  1. 기대수익률과 요구수익률의 관계 (투수가기)

  2. 기대수익률과 실현수익률

3 자본회수방법으로서의 직선법, 연금법, 상환기금법의 공통점과 차이점

Ⅰ. 서

Ⅱ. 각 방법의 개념

  1. 직선법(= 직선환원법, 직선회수법)

  2. 상환기금법(= 감채기금환원법, Hoskold 방식)

  3. 연금법(= 평준연금환원법, Inwood 방식)

Ⅲ. 각 방법의 비교

  1. 공통점

    (1) 적용대상 및 환원방식

    (2) 순수익 및 환원율

  2. 차이점 (축산가대)

    (1) 재투자이율의 차이

    (2) 평가가격

    (3) 적용대상

Ⅳ. 결

4 동적 DCF와 실물옵션

Ⅰ. 정적 DCF와 동적 DCF의 비교

  1. 공통점

    (1) 예측 · 변동의 원칙 반영

    (2) 수익성의 반영

  2. 차이점

    (1) 현금흐름의 불확실성

    (2) 할인율의 위험

Ⅱ. 실물옵션

  1. 실물옵션의 의의

  2. 실물옵션의 특징

    (1) 불확실성 측면

    (2) 비가역성 측면

    (3) 유연성 측면

  3. 실물옵션의 종류 및 장단점

    (1) 이항옵션모형

    (2) 블랙숄즈모형

  4. 실물옵션 관련 논점

    (1) 기업가치 감정평가 시 실물옵션 적용

    (2) 재건축사업에 있어서 매도청구소송 감정

        평가 시 실물옵션 적용 가능성

1 조소득(가능·유효 총수익)승수법

2 회귀분석법

3 노선가식평가법

Ⅰ. 의의

Ⅱ. 근거

Ⅲ. 적용

Ⅳ. 노선가식 평가법의 적용

  1. 노선가의 성질

  2. 노선가의 설정

    (1) 노선가 설정기준

      1) 개설

      2) 가로계수

      3) 접근계수

      4) 택지계수(= 획지계수)

      5) 환경계수

      6) 행정계수

    (2) 설정방법

      1) 달관식

      2) 채점식

    (3) 노선가 설정시 유의사항

  3. 획지계산

    (1) 획지계산의 의의

    (2) 각종 가산 및 보정률

Ⅴ. 노선가식 평가법의 장단점

  1. 장점

  2. 단점

Ⅵ. 결

4 가산방식과 공제방식 및 개발법

Ⅰ. 의의

Ⅱ. 성격

Ⅲ. 가산방식

  1. 소지가액

  2. 개발비용

  3. 유효택지면적

  4. 성숙도 수정

Ⅳ. 공제방식과 개발법

  1. 공제방식과 개발법의 절차

  2. 공제방식과 개발법의 차이점

5 새로운 감정평가방법

Ⅰ. 새로운 감정평가방법의 필요성

Ⅱ. 여행비용접근법
  1. 의의
  2. 장점
  3. 단점

Ⅲ. 회피행동분석법
  1. 의의
  2. 장점
  3. 단점

Ⅳ. CVM
  1. 의의
  2. 장점
  3. 단점

Ⅴ. 새로운 감정평가방법 적용의 타당성
  1. 평가대상 및 시장의 변화
  2. 새로운 평가영역
  3. 새로운 평가방법의 필요성

PART 02

1 임대료의 개념과 종류

Ⅰ. 임대료의 개념
1. 의의
2. 가격과 임대료의 관계
   (1) 원본과 과실관계
   (2) 기간의 차이

3. 임대차의 기간 및 임대료의 시점
   (1) 임대차의 기간 : 임대료의 산정기간
   (2) 임대료의 시점
      1) 임대료의 실현시점
      2) 임대료의 지불시기
      3) 임대료의 기준시점

2 임대료의 종류

Ⅰ. 시장임대료와 시장임대료 외의 임대료
1. 시장임대료
2. 시장임대료 외의 임대료

Ⅱ. 지불임대료와 실질임대료
1. 지불임대료와 실질임대료의 개념
   (1) 지불임대료
   (2) 실질임대료

2. 실질임대료의 구성

3. 임대료평가 시 원칙적으로 실질임대료를 구해야 하는 이유
4. 실질임대료와 지불임대료의 관계

Ⅲ. 신규임대료와 계속임대료
1. 신규임대료
2. 계속임대료

Ⅳ. 감정평가에서 구하는 임대료

3 임대사례비교법

Ⅰ. 서
1. 의의
2. 이론적 성립근거

Ⅱ. 임대사례비교법에 있어 사례 수집의 기준과 유의점
1. 개요
2. 사례자료의 중요성
3. 사례 수집의 기준
   (1) 위치의 유사성
   (2) 물적 유사성
   (3) 시점수정 가능성
   (4) 사정보정 가능성

   (5) 계약의 내용이나 조건의 유사성
   (6) 최근에 신규 계약체결된 사례
4. 유의점
   (1) 임대료의 비교 시점 및 임대료의 종류
   (2) 계속임대료와 신규임대료 및 부동산 가격과의 관계

Ⅲ. 장단점
1. 장점
2. 단점

Ⅳ. 결

4 적산법

Ⅰ. 서

Ⅱ. 성립근거 및 적용대상
1. 의의
2. 성립근거
3. 적용대상

Ⅲ. 장단점
1. 장점
2. 단점

Ⅳ. 기초가액
1. 의의
2. 기초가액 산정의 필요성
3. 기초가액을 산정하는 방법
4. 기초가액 산정시 유의점
5. 시장가치와 비교 (방최기범)
   (1) 의의
   (2) 구하는 방법
   (3) 최유효이용의 전제여부
   (4) 대상기간
   (5) 물건의 범위

Ⅴ. 기대이율
1. 의의
2. 성격

3. 기대이율과 환원율의 차이점(= 개적 시 전산상종)
   (1) 개념
   (2) 적용
   (3) 시간
   (4) 전제
   (5) 산정기준
   (6) 상각 및 세공제
   (7) 종합이율

Ⅵ. 필요제경비 (감유공손대공정)
1. 의의
   (1) 의의
   (2) 자본적 지출과의 구별
2. 구성요소
   (1) 감가상각비
   (2) 유지관리비
   (3) 조세공과금(= 공조공과)
   (4) 손해보험료
   (5) 대손준비금(= 대손충당금, 결손준비비)
   (6) 공실손실상당액
   (7) 정상운영자금이자(= 정상운전자금이자)
3. 필요제경비와 운영경비와의 관계
4. 유의사항

Ⅶ. 결

5 수익분석법

Ⅰ. 의의 및 성립근거
1. 의의
2. 성립근거

Ⅱ. 적용방법
1. 순수익
2. 필요제경비

Ⅲ. 수익분석법의 장단점

1. 장점
2. 단점

Ⅳ. 수익분석법 적용상 유의점
1. 순수익 산정시 유의점
2. 필요제경비 산정시 유의점

Ⅴ. 주거용부동산에 적용이 곤란한 이유

Ⅵ. 수익환원법과 수익분석법의 비교

6 임대권과 임차권 평가

심화논점

1 보증금 성격에 따른 운용이익

2 　공익비와 부가사용료

Ⅰ. 개념

Ⅱ. 지불임대료 포함여부

Ⅲ. 회계처리방법

Ⅳ. 유의사항

PART
02

3 　계속임대료 평가 (차이슬임)

Ⅰ. 서

Ⅱ. 차액 배분법
　1. 의의
　2. 장단점
　　(1) 장점
　　(2) 단점

Ⅲ. 이율법
　1. 의의
　2. 장단점
　　(1) 장점
　　(2) 단점

Ⅳ. 슬라이드법
　1. 의의
　2. 장단점
　　(1) 장점
　　(2) 단점

Ⅴ. 임대사례비교법
　1. 의의
　2. 장단점
　　(1) 장점
　　(2) 단점

Ⅵ. 결

06 물건별 감정평가

1 무형자산의 평가

2 영업권의 감정평가

5 기업가치 감정평가

6 토지의 감정평가

Ⅰ. 토지의 감정평가

　1. 조성원가법

　　(1) 조성원가법의 의의

　　(2) 조성원가법의 특징

　　(3) 조성원가법의 평가방법

2. 공제방식 및 개발법

　(1) 공제방식

　　1) 공제방식의 의의

　　2) 공제방식의 특징

　　3) 공제방식의 평가방법

　　4) 공제방식 적용 시 유의사항

　(2) 개발법

　　1) 개발법의 의의

　　2) 개발법의 특징

　　3) 개발법의 평가방법

　　4) 개발법 적용 시 유의사항

PART
02

7 일단(一團)으로 이용 중인 토지

Ⅰ. 일단지의 개념

Ⅱ. 일단지의 판단기준 (용·지·소·일·시)

　1. 용도상 불가분의 관계

　2. 토지소유자의 동일성

3.「공간정보의 구축 및 관리 등에 관한 법률」 상 지목

4. 일시적인 이용상황

5. 건축물 존재 여부 및 인정시점

8 공유지분 토지

Ⅰ. 공유지분 토지의 개념

Ⅱ. 공유지분 토지의 감정평가방법

　1. 원칙

　2. 구분소유적 공유 관계인 경우

Ⅲ. 공유지분 토지의 감정평가 시 유의사항

　1. 구분소유적 공유 관계 파악

　2. 공유지분 토지의 위치 확인

9 지상권이 설정된 토지

Ⅰ. 지상권이 설정된 토지의 개념

Ⅱ. 지상권이 설정된 토지의 특징

Ⅲ. 지상권이 설정된 토지의 감정평가방법

1. 지상권에 따른 제한정도 등을 고려하여 감정평가
   (1) 지상권의 가치를 구하여 차감하는 방법
   (2) 제한의 정도를 감안한 일정비율의 정도
2. 저당권자가 채권확보를 위하여 설정한 지상권의 경우

10 규모가 과대하거나 과소한 토지

Ⅰ. 규모가 과대하거나 과소한 토지의 개념

Ⅱ. 감정평가방법

Ⅲ. 감정평가 시 유의사항

1. 규모가 과소한 토지의 경우
   (1) 건축이 불가능한 경우
   (2) 건축이 가능한 경우
2. 규모가 과대한 토지의 경우
   (1) 광평수 증가
   (2) 지역분석 및 개별분석
   (3) 개발법 검토
   (4) 감보율 및 추가소요비용 등 감안

11 맹지

Ⅰ. 맹지 개념

Ⅱ. 맹지의 감정평가방법
1. 현황평가(도로의 개설이 타당하지 못하거나 맹지로 사용하더라도 지장이 없는 경우)
2. 진입로 개설 비용을 감안한 감정평가
3. 인접 토지 합병 조건부 감정평가

Ⅲ. 맹지의 감정평가 시 유의사항
1. 관습상의 도로가 개설되어 있는 경우
2. 도로개설 가능성이 높은 맹지의 경우
3. 인접 토지가 동일인 소유인 경우

12　고압선 등 통과 토지

Ⅰ. 고압선 등 통과 토지의 개념

Ⅱ. 고압선 등 통과 토지의 감정평가방법
　　1. 고압선 등 통과 토지의 감가방법
　　　(1) 제한을 감안한 감정평가방법
　　　(2) 감가액을 공제하는 감정평가방법

2. 고압선 등 통과 토지의 감가요인
　　(1) 건축 및 시설제한
　　(2) 위험시설로서의 심리적 부담감
　　(3) 등기사항전부증명서상 하자
　　(4) 입체이용저해
　　(5) 장래 기대이익의 상실
　　(6) 기타 감가요인
3. 고압선 등 통과 토지의 감정평가 시 유의사항

PART
02

13　택지 등 조성공사 중에 있는 토지

Ⅰ. 택지 등 조성공사 중에 있는 토지의 개념

Ⅱ. 택지 등 조성공사 중에 있는 토지의 특징

Ⅲ. 택지 등 조성공사 중에 있는 토지의 감정평가
방법
　　1. 조성 중인 상태대로의 가격이 형성되어 있는
　　　경우

2. 조성 중인 상태대로의 가격이 형성되어 있지
아니한 경우
　　(1) 가산방식에 의한 조성택지의 감정평가
　　　방법
　　(2) 개발법에 의한 토지의 평가
3. 택지 등 조성공사 중에 있는 토지의 감정평
가 시 유의사항

14　골프장용지

Ⅰ. 골프장용지의 의의

Ⅱ. 골프장용지의 감정평가방법
　　1. 일괄평가 및 구분평가
　　2. 감정평가 3방식의 적용
　　　(1) 공시지가기준법
　　　(2) 거래사례비교법
　　　(3) 조성원가법
　　　(4) 수익환원법

3. 감정평가 시 유의사항
　　(1) 골프장 면적
　　(2) 일단지 평가
　　(3) 감정평가방법 적용
　　(4) 가치형성요인

15 공공용지

Ⅰ. 공공용지의 개념

Ⅱ. 공공용지의 감정평가 시 유의사항

  1. 용도의 제한이나 거래제한 등을 고려

  2. 용도전환을 전제로 한 경우

  3. 국공유지의 처분 제한

16 사도

Ⅰ. 사도의 개념

Ⅱ. 사도의 감정평가방법

  1. 사도가 인근토지와 함께 의뢰된 경우

  2. 사도만 의뢰된 경우

    (1) 해당 토지로 인하여 효용이 증진되는 경우 인접 토지와의 관계(화체이론)

    (2) 용도의 제한이나 거래제한 등에 따른 적절한 감가율(사용・수익제한이론)

    (3) 「토지보상법 시행규칙」 제26조에 따른 도로의 감정평가방법

17 공법상 제한을 받는 토지

Ⅰ. 공법상 제한을 받는 토지의 개념

Ⅱ. 공법상 제한을 받는 토지의 감정평가

  1. 전체 저촉인 경우

  2. 일부 저촉인 경우

    (1) 구분 감정평가 : 둘 이상의 용도지역에 걸쳐 있는 토지

    (2) 잔여부분의 단독이용가치가 희박한 경우

18 지상 정착물과 소유자가 다른 토지

Ⅰ. 지상 정착물과 소유자가 다른 토지의 개념

Ⅱ. 지상 정착물과 소유자가 다른 토지의 특징

Ⅲ. 지상 정착물과 소유자가 다른 토지의 감정평가방법

  1. 불리함 등을 고려

  2. 법정지상권의 성립

19 제시 외 건물 등이 있는 토지

Ⅰ. 제시 외 건물 등이 있는 토지의 개념

Ⅱ. 제시 외 건물 등이 있는 토지의 감정평가방법
   1. 지상 정착물과 소유자가 다른 토지 감정평가
    의 준용 원칙

2. 예외
3. 제시 외 건물 등의 소재에 따른 감가방법

20 건물의 감정평가

Ⅰ. 복합부동산의 감정평가
   1. 복합부동산의 의의
   2. 복합부동산의 특징
   3. 복합부동산의 감정평가방법
    (1) 개별평가 및 일괄평가
    (2) 감정평가방법
     1) 개별평가하는 경우
     2) 일괄평가하는 경우

Ⅱ. 구분소유 부동산의 감정평가
   1. 구분소유부동산의 의의
   2. 구분소유부동산의 특징
    (1) 구조상·이용상 독립성
    (2) 일체거래
   3. 구분소유 부동산의 감정평가방법
    (1) 비교방식
     1) 사례의 선정

     2) 층별·위치별 효용비의 비교
    (2) 원가방식
    (3) 수익방식
   4. 유의사항
    (1) 대지이용권
    (2) 비교단위(전유면적)
    (3) 구분소유건물의 가격형성이 되지 않은 경우
   5. 대지사용권을 수반하지 않은 구분건물의 감
    정평가
    (1) 발생원인
    (2) 대지사용권이 없는 구분건물의 감정평가
    (3) 대지사용권이 적정 지분으로 정리될 수
      있는 구분 건물의 감정평가
    (4) 유의사항

Ⅲ. 녹색건축물의 감정평가방법

21 소음 등으로 인한 가치하락분 감정평가

Ⅰ. 가치하락분의 중요성

Ⅱ. 가치하락분의 의의

Ⅲ. 가치하락분의 특징(제외요인 및 포함요인)

Ⅳ. 오염으로 인한 가치하락분의 감정평가방법

1. 3방식의 적용
   (1) 거래사례비교법
   (2) 수익환원법
   (3) 원가법
2. 새로운 감정평가방법
   (1) 특성가격접근법(HPM)
   (2) 조건부가치접근법(CVM)

PART
02

22 권리금의 감정평가

07 기타 물건의 감정평가

4 어업권

5 구분지상권

08 목적별 감정평가

1 담보평가

Ⅰ. 담보평가의 중요성

  1. 금융기관의 대출채권 확보

  2. 부동산 증권화의 기초

  3. 감정평가법인등의 손해배상책임

Ⅱ. 담보평가의 의의

Ⅲ. 담보평가의 특징 및 원칙 (확보처현준)

  1. 확인주의

  2. 보수주의

  3. 처분주의

  4. 현황주의

  5. 감정평가협약사항의 준수(준칙주의)

Ⅳ. 담보물의 적격요건(법적·물리적·경제적 요건)

  1. 개요

  2. 법적 요건(적법성과 등기능력)

  3. 물리적 요건(안정성과 관리의 용이성)

  4. 경제적 요건(확실성과 유동성)

Ⅴ. 담보평가 시 유의사항

  1. 부적절한 의뢰물건의 처리

  2. 부적절한 담보물건

Ⅵ. 일반 감정평가와의 차이점 (종기목시현)

  1. 가격의 종류

  2. 감정평가서의 활용기간

  3. 평가목적

  4. 기준시점

  5. 현황평가기준

PART 02

2 경매평가

Ⅰ. 경매평가의 중요성

Ⅱ. 경매평가의 의의

Ⅲ. 경매평가의 특징(기능)

  1. 개설

  2. 경매당사자의 관계

  3. 경매당사자에 대한 기능

  4. 사유재산제도 유지

Ⅳ. 경매평가 시 유의사항

  1. 법정지상권이 설정된 토지

  2. 공부상 지목과 현황이 다른 토지

  3. 토지의 부합물

  4. 제시 외 건물

  5. 다세대주택의 실질을 갖춘 다가구용 단독주택의 공유지분의 평가

  6. 구분건물의 제시 외 건물로서 감정평가에 포함되어야 할 주요내용

  7. 건축 중인 건물이 있는 토지

  8. 대지권이 없는 구분건물의 경우

3 도시정비평가

4 재무보고평가

5 표준지공시지가 조사·평가

PART 03

의의노트

총론 의의노트

제1장 감정평가의 기초	
제1절 감정평가의 이론적 논의	
★감정평가★	감정평가란 토지 등의 경제적 가치를 판정하여 그 결과를 가액으로 표시하는 것을 말한다.
제4절 감정평가사의 직업윤리	
사회성·공공성	사회성·공공성이란 부동산의 경우처럼 사적 소유자만이 아니라 일반인들에게도 영향을 미친다는 특성을 말한다.
제5절 감정평가사의 직업윤리	
직업윤리	감정평가법인등이 그 직무를 수행함에 있어 관계 법령에 의한 제 규정은 물론이고, 그 외에도 자율적으로 준수해야 할 전문가로서의 행위규범을 말한다.
제6절 감정평가의 분류	
일반평가	일반평가는 감정평가의 일반적인 원칙과 기준 및 방법에 따라 수행되는 평가를 말하며 우리나라는 『감정평가법』에서 일반적인 원칙과 기준 및 방법을 제시한다.
법정평가	법정평가는 감정평가기준과 방법이 『감정평가법』 이외의 법령에 규정되어 있어 수행되는 평가를 말한다.
단수평가	단수평가란 하나의 감정평가법인 등이 평가의 주체가 되어 수행하는 평가를 말한다.
복수평가	복수평가란 둘 이상의 감정평가법인 등이 평가의 주체가 되어 수행하는 평가를 말한다. 둘 이상의 평가법인 등이 대등한 지위에서 행하므로 독립된 2개의 감정평가서와 평가결과가 성립한다.
소급평가	소급평가란 과거의 일정 시점을 기준으로 그 당시의 상황을 상정하여 평가하는 것을 말한다.
기한부평가	기한부평가란 장래에 도달할 확실한 일정시점을 기준으로 장래 일정시점에서의 상황을 상정하여 평가하는 것을 말한다.
현황평가	현황평가란 기준시점에서의 대상물건의 이용상황(불법적이거나 일시적인 이용을 제외한다) 및 공법상 제한 상태를 기준으로 평가하는 것을 말한다.
★일시적인 이용★	일시적인 이용이란 관련 법령에 따라 국가나 지방자치단체의 계획이나 명령 등으로 부동산을 본래의 용도로 이용하는 것이 일시적으로 금지되거나 제한되어 다른 용도로 이용하고 있거나 부동산의 주위환경 등으로 보아 현재의 이용이 임시적인 것으로 인정되는 이용상황을 말한다.

조건부평가	조건부평가란 기준시점의 가치형성요인 등을 실제와 다르게 가정하거나 특수한 경우로 한정하는 조건을 붙여 감정평가하는 것을 말한다.
개별평가	개별평가란 감정평가는 대상물건마다 개별로 하여야 한다는 것을 말한다.
일괄평가	일괄평가란 둘 이상의 대상물건이 일체로 거래되거나 대상물건 상호 간에 용도상 불가분에 관계에 있는 경우 일괄하여 감정평가하는 것을 말한다.
용도상 불가분의 관계	용도상 불가분의 관계란 일단의 토지로 이용되고 있는 상황이 사회적 · 경제적 · 행정적 측면에서 합리적이고 해당 토지의 가치형성적 측면에서도 타당하다고 인정되는 관계에 있는 경우를 말한다.
구분평가	구분평가란 하나의 대상물건이라도 가치를 달리하는 부분은 구분하여 감정평가하는 것을 말한다.
부분평가	부분평가란 일체로 이용되고 있는 대상물건의 일부분에 대하여 감정평가하여야 할 특수한 목적이나 합리적인 이유가 있는 경우에 그 부분에 대하여 감정평가하는 것을 말한다.

제7절 감정평가의 업무영역

컨설팅	컨설팅이란 부동산문제를 해결하기 위하여, 자료를 분석하고, 추천안이나 결론을 제안하는 행위나 과정을 말한다.
경제기반 분석	경제기반 분석이란 지역의 경제기반이 부동산가치에 어떠한 영향을 미치고 있으며, 앞으로는 어떻게 될 것인지를 분석하는 것을 말한다. 경제기반이란 지역주민의 생계를 유지시켜주는 경제활동이며, 그 지역의 수출활동으로서 다른 지역으로부터 자금을 끌어들이는 산업을 말한다. 기반산업과 비기반산업 중 기반산업이 경제기반에 해당한다.
비용편익 분석	비용편익분석이란 여러 경제 · 정책적 투자대안 가운데 목표달성에 가장 효과적인 대안을 찾기 위하여 각각의 투자대안에 대해서 투입되는 비용과 산출되는 편익을 비교 · 분석하는 것을 말한다. 반드시 화폐가 분석 기준이 되지는 않는다.
현금수지 분석	현금수지분석이란 현금유입과 현금유출을 비교 · 분석하는 것을 말한다. 비용편익 분석의 기준을 화폐로 한정하는 경우 현금수지 분석이 된다.
타당성 분석	타당성 분석이란 계획하고 있는 개발사업이 투자자본에 대한 투자자의 요구수익률을 확보할 수 있는지 여부를 분석하는 것으로 경제적 타당성이 있는지 여부가 중요하다.
토지이용 분석	토지이용 분석이란 주어진 토지의 여러 가지 대안적 이용을 분석하여, 어떤 용도가 최유효이용에 해당되는지를 판단하는 것을 말한다.

감정평가 검토	감정평가 검토란 이미 발급된 감정평가서를 다른 감정평가법인의 검토평가사가 형식적인 측면과 내용적인 측면에서 적정성을 검토하여 의견을 제시하는 업무를 말한다.
감정평가 심사	감정평가 심사란 감정평가서를 의뢰인에게 발급하기 전에 해당 감정평가사와 같은 법인 소속의 다른 감정평가사가 감정평가서의 적정성을 확인하는 것을 말한다.

제2장 부동산학의 기초

제1절 부동산의 특성과 파생현상

고정성	고정성은 토지는 물리적인 측면에서 그 지리적 위치가 고정되어 있다는 특성을 말한다.
부증성	부증성은 토지는 생산비나 노동량을 투입하여도 물리적인 그 절대량을 임의로 증가시킬 수 없다는 특성을 말한다.
영속성	영속성이란 물리적 측면에서 보아 사용이나 시간의 경과 등에 의해서 소모와 마멸이 되지 않는다는 특성을 말한다.
개별성	개별성이란 물리적으로 완전히 동일한 복수의 토지는 없다는 특성을 말한다.
용도의 다양성	용도의 다양성이란 토지는 여러 가지 용도에 이용될 수 있다는 특성을 말한다.
병합·분할의 가능성	병합·분할의 가능성이란 토지는 이용목적에 따라 물리적 측면과 권리적 및 시간적으로 분할·병합하여 사용할 수 있다는 특성을 말한다.
사회·경제·행정적 위치의 가변성	사회·경제·행정적 위치의 가변성이란 부동산은 인문적 환경의 영향에 의해 토지의 사회적·경제적·행정적 위치가 시간의 흐름에 따라 변화한다는 특성을 말한다.

제2절 기타 부동산의 특성

경제적 특성	경제적 특성이란 부동산의 자연적 및 인문적 특성 중 경제적 측면을 강조하는 경우 제시되는 특성을 말한다.
경제재	경제재란 인간의 욕망에 비하여 상대적으로 그 존재량이 희소한 한편, 누군가가 이를 소유하고 있기 때문에 이를 얻는 데 대가를 필요로 하는 재화를 말한다.
희소성	희소성이란 인간의 욕구에 비해 이용 가능한 토지의 양이 부족한 상태를 말한다.
개량물의 토지효용 가변성	개량물의 토지효용가변성이란 토지에 존재하는 개량물에 의해 토지의 효용이 변화한다는 특성을 말한다.

투자의 고정성	투자의 고정성이란 한번 결정된 토지이용형태는 원래 상태로 전환시키기까지 많은 시간과 비용이 소모되고, 투하자본의 회수에도 많은 시간이 필요하다는 특성을 말한다.
위치의 선호성	위치의 선호성이란 사람들이 일정한 토지의 위치나 장소를 선호하는 현상을 말한다.
고가성	고가성이란 부동산이 다른 재화에 비해 가격이 높다는 특성을 말한다.
내구성	내구성이란 부동산은 장기간에 걸쳐 효용을 제공한다는 특성을 말한다.
인접성	인접성이란 토지는 인접 토지와 긴밀한 공간관계에 있으므로 물리적으로 보는 토지는 반드시 다른 토지와 연결되어 있다는 특성을 말한다.
지역성	지역성이란 부동산은 그 부동산이 속해 있는 지역의 구성분자로서 그 지역 내 다른 부동산과 대체·경쟁 및 보완 등의 상호관계를 통하여 사회적·경제적·행정적 위치를 점하게 된다는 특성을 말한다.
접근성	접근성이란 대상 부동산이 위치하는 장소에서 다른 장소로 도달하는 데 소요되는 시간·경비·노력 등으로 측정되는 상대적 비용을 말한다.
부동산의 종별	부동산의 종별이란 부동산의 용도에 따른 분류로서 지역종별과 토지종별로 구분되는 것을 말한다.
부동산의 유형	부동산의 유형이란 부동산의 유형적 이용 및 권리관계의 태양에 따라 구분되는 부동산의 분류를 말한다.
후보지 지역	후보지 지역이란 지역종별 대분류 상호 간 전환되어 가는 지역을 말한다.
이행지 지역	이행지 지역이란 지역종별 소분류 상호 간 전환되어 가는 지역을 말한다.

제3장 부동산 가치론

제1절 가치와 가격의 개념

가치	가치란 장래 기대되는 편익을 현재가치로 환원한 값을 말한다.
가격	가격이란 교환거래에서 매수자와 매도자가 상호 합의한 거래금액을 말한다.
가액	가액이란 정상적인 거래에서 거래 자산에 화폐로 지불될 수 있는 금액을 표시한 것으로 사물이 지니고 있는 가치를 의미하거나 매매의 목적으로 주고받는 대가를 말한다.
임대료	임대료란 임대차 계약에 기초한 대상물건의 사용대가로서 지급하는 금액을 말한다.

제2절 부동산 가격의 이중성	
부동산 가격의 이중성	부동산 가격의 이중성은 부동산의 가격이 직접 수요와 공급에 영향을 주는 것이 아니라 가치형성요인에 영향을 주고, 이는 부동산가격의 발생요인을 변화시켜 다시금 부동산 시장에 영향을 주는 것을 말한다.

제4절 부동산 가치다원론	
가치다원론	가치다원론이란 부동산가치는 감정평가의 목적이나 상황에 따라 다양하다고 보는 것을 말한다.
주관적 가치	주관적 가치란 개인의 주관적 판단에 따라 평가되는 가치를 의미한다.
객관적 가치	객관적 가치란 사람의 주관적 의사와는 관계없이 결정되는 가치를 의미한다.
당위가치	당위가치란 당위성을 내포한 이상적·규범적 가치로서 시장균형이 성립할 때 나타나는 '있어야 할 상태의 가치'로 원인을 강조하는 개념이다.
존재가치	존재가치란 현실의 시장상황을 반영하는 가치로서 객관적으로 확인이 가능한 '있는 그대로의 가치'로 결과를 강조하는 개념이다.
교환가치	교환가치란 시장에서 매매를 전제로 일반적인 이용방법을 기준으로 한 가치를 말한다.
사용가치	사용가치란 경제재의 생산성에 근거하는 개념으로서 대상부동산이 특정한 용도로 사용될 때에 가질 수 있는 가치를 말한다.
과세가치	과세가치란 국가나 지방자치단체에서 취득세나 재산세 등의 각종 세금을 부과하는 데 사용되는 기준으로 활용되는 가치를 말한다.
보상가치	보상가치란 공공의 필요에 의한 적법한 공권행정상의 공권력 행사로 인하여 재산에 가하여진 특별한 희생에 대하여 공평부담의 견지에서 행정주체가 행하는 보상의 기준이 되는 가치를 말한다.
공익가치	공익가치란 어떤 부동산의 최유효이용이 사적 목적의 경제적 이용에 있는 것이 아니라 보존과 같은 공공목적의 비경제적 이용에 있을 때 대상부동산이 가지는 가치를 말한다.
담보가치	담보가치란 은행과 같은 금융기관에서 해당물건을 담보로 대출을 시행하기 위해 사용되는 가치를 말한다.
경매가치	경매가치란 법원에서 경매절차를 진행하기 위해 최저입찰가격의 기준으로 사용되는 가치를 말한다.
장부가치	장부가치란 대상 부동산의 최초 취득가격에서 법적으로 허용되는 방법에 의한 감가상각분을 제외한 나머지로서 현존하고 있는 장부상의 잔존가치를 말한다.
★공정가치★	공정가치란 한국채택국제회계기준에 따라 자신 및 부채의 가치를 추정하기 위한 기본적 가치기준으로서 합리적인 판단력과 거래의사가 있는 독립된 당사자 사이의 거래에서 자산이 교환되거나 부채가 결제될 수 있는 금액을 말한다.

계속기업가치	계속기업가치란 유·무형의 기업자산을 개별적으로가 아니라 총체적인 관점에서 계속기업이 가질 수 있는 가치를 말한다.
청산가치	청산가치란 청산을 목적으로 일정한 처분계획에 따라 대상물건이 시장에서 매각되었을 때 그 물건의 매매로부터 합리적으로 획득할 수 있을 것으로 인정되는 가격을 말한다.
해체처분가치	해체처분가치란 평가대상물건을 수리나 개량을 하지 않고 해체한 후 다른 용도로 사용할 경우의 가치를 말한다.
투자가치	투자가치란 특정한 투자자가 대상부동산에 대해 부여하는 주관적 가치를 말한다.
특수가격	특수가격이란 시장성이 없는 부동산에 대해 그 용도와 이용상황을 전제로 하여 그 부동산의 경제적 가치를 나타내는 가격을 말한다.
특정가격	한정가격이란 시장성을 갖는 부동산에서 법령 등에 따른 사회적 요청을 배경으로 하는 감정평가 목적 하에서 정상가격의 제 조건을 만족하지 않는 가격을 말한다.
한정가격	한정가격이란 시장성을 갖는 부동산에 대해 부동산과 취득할 타 부동산과의 병합 또는 분할 등으로 인하여 시장이 상대적으로 한정되는 경우 표시하는 가격을 말한다.

제5절 시장가치기준 원칙

★기준가치★	기준가치란 감정평가의 기준이 되는 가치를 말한다.
★시장가치★	시장가치란 감정평가의 대상이 되는 토지 등이 통상적인 시장에서 충분한 기간 동안 거래를 위하여 공개된 후 그 대상물건의 내용에 정통한 당사자 사이에 신중하고 자발적인 거래가 있을 경우 성립될 가능성이 가장 높다고 인정되는 대상물건의 가액을 말한다.
시장가치 외의 가치	시장가치 외의 가치란 「감정평가에 관한 규칙」에서 시장가치와 시장가치 외의 가치로 구분하여 규정하고 있는 형식을 볼 때, 시장가치 외의 가치는 시장가치의 요건을 충족하지 못하는 경우의 가치로 해석할 수 있다.

제6절 적정가격의 성격 및 시장가치와의 동일성 여부

★적정가격★	적정가격이란 토지·주택 및 비주거용 부동산에 대하여 통상적인 시장에서 정상적인 거래가 이루어지는 경우 성립될 가능성이 가장 높다고 인정되는 가격을 말한다.

제3장 부동산 가격론

제7절 부동산 가치발생요인

효용	효용이란 인간의 욕구를 만족시킬 수 있는 재화의 능력을 말한다.
상대적 희소성	상대적 희소성이란 인간의 욕구에 비해 그 수가 부족한 상태를 말하며, 상대적이라는 의미에 대해서는 물리적 측면이 아닌 용도적 측면에서 희소성으로 보는 견해와 수요에 비해 공급이 상대적으로 한정적이라고 보는 견해가 있다.
유효수요	유효수요란 부동산에 대한 실질적인 구매능력을 의미하는 것으로 살 의사와 지불능력을 갖춘 수요를 말한다.

제8절 부동산 가치형성요인

★가치형성요인★	대상물건의 경제적 가치에 영향을 미치는 일반요인 지역요인 및 개별요인 등을 말한다.
★일반요인★	일반요인이란 대상물건이 속한 전체 사회에서 대상물건의 이용과 가격수준 형성에 전반적으로 영향을 미치는 일반적인 요인을 말한다.
★지역요인★	지역요인이란 대상물건이 속한 지역의 가격수준 형성에 영향을 미치는 자연적·사회적·경제적·행정적 요인을 말한다.
★개별요인★	개별요인이란 대상물건의 구체적 가치에 영향을 미치는 대상물건의 고유한 개별적 요인을 말한다.

제4장 부동산 가격제원칙

제2절 부동산 가격제원칙의 내용

부동산 가격제원칙	부동산 가격제원칙이란 부동산 가격이 어떻게 형성되고 유지되는가에 관한 법칙성을 추출하여 부동산 평가활동의 지침으로 삼으려는 하나의 행위기준을 말한다.
최유효이용의 원칙	최유효이용의 원칙이란 부동산의 가치는 최유효이용을 전제로 형성된다는 원칙을 말한다.
예측의 원칙	예측의 원칙이란 부동산의 가치는 과거와 현재의 이용상태에 의해 결정되는 것이 아니라 장래에 어떻게 이용될 것인가에 대한 예측을 근거로 결정된다는 원칙을 말한다.
변동의 원칙	변동의 원칙이란 부동산의 가치는 끊임없이 변하는 시장상황에 의해 영향을 받아 변동한다는 원칙을 말한다.

기여의 원칙	기여의 원칙이란 부동산의 가치는 부동산을 구성하고 있는 생산요소가 기여하고 있는 공헌도의 영향을 받아 결정된다는 원칙을 말한다.
수익배분의 원칙	수익배분의 원칙이란 부동산의 가치는 전체 수익에서 노동과 자본과 같은 다른 생산요소에 대한 수익을 제외하고 난 나머지인 잉여생산성에 의해 결정된다는 원칙을 말한다.
균형의 원칙	균형의 원칙이란 부동산의 가치는 부동산을 구성하고 있는 생산요소 간의 결합비율이 적절할 때 최고가 된다는 원칙을 말한다.
수익체증·체감의 법칙	수익체증·체감의 원칙이란 부동산에 대한 단위투자수익은 체증하다가 일정수준에 이르게 되면 한계수입과 한계비용이 일치하게 되고 이를 넘어서면 체감하게 된다는 원칙을 말한다.
적합의 원칙	적합의 원칙이란 부동산의 이용이나 특성이 주위환경이나 시장수요와 일치할 때 최고의 가치가 창출되며 유지될 수 있다는 원칙을 말한다.
경쟁의 원칙	경쟁의 원칙이란 부동산의 가치는 다양한 용도 간의 경쟁관계 속에서 초과이윤은 없어지고 적합한 가격을 갖게 된다는 원칙을 말한다.
대체의 원칙	대체의 원칙이란 부동산의 가치는 대체관계에 있는 다른 부동산 또는 재화의 영향을 받아 결정된다는 원칙을 말한다.
수요·공급의 원칙	수요공급의 원칙이란 부동산의 가치는 수요와 공급의 상호작용에 의해 결정된다는 원칙을 말한다.
외부성의 원칙	외부성의 원칙이란 부동산의 가치는 외부적인 요인에 의해 영향을 받아서 결정된다는 원칙을 말한다.
기회비용의 원칙	기회비용의 원칙이란 부동산의 가격은 기회비용을 반영하여 형성된다는 원칙을 말한다.

제5장 부동산 시장론

제1절 부동산시장 개관

부동산 시장	부동산 시장이란 매수자와 매도자에 의해 부동산의 거래가 이루어지는 곳으로 수요·공급의 조절과 부동산의 가격결정 및 공간배분 등을 위해 의도된 상업활동이 이루어지는 곳을 말한다.

제3절 부동산 수요와 공급론

부동산 수요	부동산 수요란 일정기간 동안 수요자가 부동산을 구매하고자 하는 욕구로서 구입의사만이 아니라 구매력을 갖춘 유효수요를 말한다.

부동산 공급	부동산 공급이란 판매자가 일정기간 동안에 부동산을 판매하고자 하는 욕구를 말한다.
거미집 이론	거미집 이론이란 부동산의 가격 변동에 대한 공급의 시차를 고려하여 일시적 균형의 변동과정을 동태적으로 분석한 모형을 말한다.

제7절 부동산 경기변동

부동산 경기변동	부동산 경기변동이란 경제가 파형과 같이 상승운동과 하강운동을 반복하는 것을 말한다.
	부동산 경기변동이란 부동산도 경제재의 하나로서 일반경기변동과 마찬가지로 일정기간을 주기로 하여 호황과 불황을 반복하면서 변화하는 것을 말한다.

제6장 지역분석 및 개별분석

제1절 지역분석

지역분석	지역분석이란 대상부동산이 속하는 지역의 범위를 확정하고 지역요인의 분석을 통해 대상부동산의 지역 내 전반적 위치와 표준적 사용을 파악하여 가격수준을 가늠하는 작업을 말한다.
표준적 이용	표준적 이용이란 인근지역에 속하는 개개의 부동산의 최유효이용의 집약적이고 평균적인 사용방법을 말한다.
가격수준	가격수준이란 개개의 부동산의 가격이 아니고 지역 내의 부동산의 평균가격을 말한다.

제2절 개별분석

개별분석	개별분석이란 지역분석에 의해 판정된 지역의 표준적 이용과 가격수준을 전제로 부동산의 개별성에 근거하여 가격형성의 개별적 요인을 분석하여 대상부동산의 최유효이용을 판정하고 대상부동산의 구체적 가격에 영향을 미치는 정도를 분석하는 작업을 말한다.
★최유효이용★	최유효이용이란 객관적으로 보아 양식과 통상의 이용능력을 가진 사람이 부동산을 합법적이고 합리적이며, 최고최선의 방법으로 이용하는 것을 말한다.
가치의 개별화 구체화	가치의 개별화·구체화란 개별부동산의 구체적 가격에 미치는 영향의 정도를 말한다. 이는 대략적인 영향의 정도만 추정하는 것으로 구체적인 가격의 도출은 감정평가기법의 적용을 통해 알 수 있다.

제4절 지역분석의 대상지역

★인근지역★	인근지역이란 감정평가의 대상이 된 부동산이 속한 지역으로서 부동산의 이용이 동질적이고 가치형성요인 중 지역요인을 공유하는 지역을 말한다.
경계	경계란 용도적·기능적 측면에서 동질성이 인정되는 지역의 범위를 정하는 것을 말한다.
★유사지역★	유사지역이란 대상부동산이 속하지 아니하는 지역으로서 인근지역과 유사한 특성을 갖는 지역을 말한다.
★동일 수급권★	동일수급권이란 대상부동산과 대체·경쟁관계가 성립하고 가치 형성에 서로 영향을 미치는 관계에 있는 다른 부동산이 존재하는 권역을 말하며, 인근지역과 유사지역을 포함한다.

제6절 부동산시장의 분석

지역경제분석	특정지역이나 도시의 모든 부동산에 대한 기본적인 수요요인과 시장에 영향을 미치는 요인을 확인·분석하고 예측하는 작업을 말한다.
광의의 시장분석	대상 부동산에 대한 시장지역의 범위를 결정하고, 대상부동산의 용도 및 가치에 영향을 줄 수 있는 여러 가지 시장 상황을 연구하는 것을 말한다.
협의의 시장분석	시장분석이란 특정 유형의 부동산에 대한 시장의 수요와 공급상황을 분석하는 것을 말한다.
시장성 분석	시장성 분석이란 특정 대상 부동산이 현재나 미래의 시장상황에서 매매되거나 임대될 수 있는 능력을 조사하는 것을 말한다.
입지분석	입지분석이란 입지주체가 추가하는 목적에 적합한 입지조건을 구비한 토지를 발견하거나 이미 보유하고 있는 토지를 어떤 용도와 규모로 이용할 것인가를 결정하기 위한 작업을 말한다.
부지분석	부지분석이란 주어진 목적을 만족시키기 위하여 개발되었거나 아직 개발되지 않은 부지의 법적·물리적·경제적 조건 등을 분석하는 작업을 말한다.
흡수분석	흡수분석이란 흡수율이나 흡수시간 등을 조사하여 부동산의 수요와 공급의 상황과 강도를 구체적으로 조사하고 분석하는 것을 말한다.
타당성 분석	타당성 분석이란 대상개발사업이 투자자의 자금을 유인할 수 있을만한 충분한 수익성을 제공하는지를 분석하는 것을 말한다.
투자분석	투자분석이란 대상토지나 개량물의 여러 가지 이용대안 중에서 최고최선의 이용을 확인하는 과정이다.
생산성 분석	생산성 분석이란 대상 부동산의 자연적·사회적·경제적·행정적 제 특성을 조사하고 대상 부동산의 생산능력을 확인하여, 그 중에서 최고의 부동산서비스를 창출할 수 있는 용도가 무엇인지를 결정하는 것으로 제품차별화를 말한다.

시장 획정	시장획정이란 제품차별화 이후에 이에 맞는 시장을 여러 변수에 따라서 구분·획정하는 것이다. 이와 같이 부동산 제품의 소비자시장을 보다 동질적인 소집단으로 구분하는 것을 시장의 세분화라고도 한다.
수요 분석	수요 분석이란 획정된 시장별로 잠재유효수요를 파악하고, 수요에 영향을 주는 수요의 강도와 같은 요인들을 조사 및 분석하는 것을 말한다.
공급 분석	공급 분석이란 대상 부동산과 동일한 유형의 공급상황을 분석하는 절차로, 신규 부동산의 생산만이 아니라 기존 부동산의 유용성도 포함하는 분석을 말한다.
균형 분석	균형 분석이란 수요와 공급 분석의 결과를 종합하여 시장수요와 공급량이 균형을 이루고 있는지와 만약 균형을 이루고 있지 않다면 언제쯤 해소될 수 있는지를 분석하는 것을 말한다.
포착률 예측	포착률 예측이란 대상 부동산의 특성에 따른 경쟁력을 파악하여 시장에서의 예상 포착률을 추계하는 것으로 매매 및 임대차 가능성을 조사하는 것을 말한다.

제7장 부동산시장의 분석에 대한 이해

공간시장	공간시장이란 토지 또는 건물과 같은 부동산 그 자체를 사용하기 위한 시장으로 부동산의 점유와 임대 등이 이루어지는 시장을 말한다.
자산시장	자산시장이란 부동산과 관련된 자산의 현금흐름과 관련된 시장으로 부동산의 매입·매각 및 교환 등이 이루어지는 시장을 말한다.
화폐시장	화폐시장이란 만기가 1년 미만인 금융상품이 거래되는 시장으로 기업의 운전자금에 충당할 단기자금이 조달되는 시장을 말한다.
자본시장	자본시장이란 기업의 투자를 위하여 필요로 하는 자금의 조달이 이루어지는 시장으로 장기금융시장을 말한다.
금리	금리란 화폐에 대한 수요와 공급을 통해 결정되는 화폐의 가격을 말한다.
4사분면 모형	4사분면 모형이란 부동산시장을 자산시장과 공간시장으로 구분하고 이를 다시 단기시장과 장기시장으로 나누어 전체 부동산시장의 작동을 설명하는 모형을 말한다.
부동산의 증권화	부동산의 증권화란 부동산 저당채권을 자본시장에서 유통시키기 위하여 유가증권을 발행하는 과정을 말한다.
부동산의 유동화	부동산의 유동화란 유가증권 발행 후 이를 2차 금융기관에 매매하는 것을 말한다.

제3절 최유효이용

★최유효이용★	최유효이용이란 객관적으로 보아 양식과 통상의 이용능력을 가진 사람이 부동산을 합법적이고 합리적이며 최고·최선의 방법으로 이용하는 것을 말한다.
단일이용	단일이용이란 주위의 표준적인 이용과 전혀 다른 이용이 최유효이용이 되는 경우를 말한다.
중도적 이용	중도적 이용이란 가까운 미래에 대상 토지나 복합부동산에 대한 최유효이용이 도래할 것으로 예측되는 경우, 그 최유효이용을 대기하는 과정상 현재에 할당되는 이용을 말한다.
★일시적인 이용★	일시적인 이용이란 관련 법령에 따라 국가나 지방자치단체의 계획이나 명령 등으로 부동산을 본래의 용도로 이용하는 것이 일시적으로 금지되거나 제한되어 다른 용도로 이용하고 있거나 부동산의 주위환경 등으로 보아 현재의 이용이 임시적인 것으로 인정되는 이용을 말한다.
비최고최선의 이용	비최고최선의 이용이란 현재의 복합부동산에 대하여 복합부동산의 이용과 나지를 상정한 토지의 최유효이용이 상호 부합되지 않는 상태에서 현재의 복합부동산의 이용을 말한다.
비적법적 이용	비적법적 이용이란 과거에는 적법하게 건축되어 이용되던 부동산이 현재의 법적 규제에 부합하지 않는 경우의 이용을 말한다.
초과토지	초과토지란 현존 지상 개량물에 필요한 적정면적 이상의 토지를 말하며, 건부지와 다른 용도로 분리되어 독립적으로 사용될 수 있는 토지를 말한다.
잉여토지	잉여토지란 현존 지상 개량물에 필요한 적정면적 이상의 토지를 말하며 기존 개량물 부지와 독립적으로 분리되어 사용될 수 없고 별도의 최유효이용에 사용될 수 없는 토지를 말한다.
일치성 이용의 원리	일치성 이용의 원리란 토지와 건물을 각각 다른 용도로 보고 감정평가해서는 안 되고 동일한 용도로 보아야 한다는 원리를 말한다.

제8장 감정평가 3방식 총론

제1절 부동산 가격제원칙의 내용

가치3면성	가치3면성이란 어떤 재화의 경제적 가치를 판정하고자 할 때 고려하여야 할 3가지 측면인 비용성, 시장성, 수익성을 말한다.
비용성	비용성이란, 어느 정도의 비용이 투입되어 만들어진 재화인가의 측면을 말한다.
시장성	시장성이란, 어느 정도의 가격으로 시장에서 거래되고 있는가의 측면을 말한다.

수익성	수익성이란, 어느 정도의 수익 또는 편익을 얻을 수 있는가의 측면을 말한다.
★원가방식★	원가방식이란 원가법 및 적산법 등 비용성의 원리에 기초한 감정평가방식을 말한다.
★비교방식★	비교방식이란 거래사례비교법, 임대사례비교법 등 시장성의 원리에 기초한 감정평가방식 및 공시지가기준법을 말한다.
★수익방식★	수익방식이란 수익환원법 및 수익분석법 등 수익성의 원리에 기초한 감정평가방식을 말한다.
★원가법★	원가법이란 대상물건의 재조달원가에 감가수정을 하여 대상물건의 가액을 산정하는 감정평가방법을 말한다.
★감가수정★	감가수정이란 대상물건에 대한 재조달원가를 감액하여야 할 요인이 있는 경우에 물리적 감가, 기능적 감가 또는 경제적 감가 등을 고려하여 그에 해당하는 금액을 재조달원가에서 공제하여 기준시점에 있어서의 대상물건의 가액을 적정화하는 작업을 말한다.
★공시지가 기준법★	공시지가기준법이란 감정평가의 대상이 된 토지와 가치형성요인이 같거나 비슷하여 유사한 이용가치를 지닌다고 인정되는 표준지의 공시지가를 기준으로 대상토지의 현황에 맞게 시점수정, 지역요인 및 개별요인 비교, 그 밖의 요인의 보정을 거쳐 대상토지의 가액을 산정하는 감정평가방법을 말한다.
★거래사례 비교법★	거래사례비교법이란 대상물건과 가치형성요인이 같거나 비슷한 물건의 거래사례와 비교하여 대상물건의 현황에 맞게 사정보정, 시점수정, 가치형성요인 비교 등의 과정을 거쳐 대상물건의 가액을 산정하는 감정평가방법을 말한다.
★적정한 실거래가★	적정한 실거래가란 「부동산 거래신고 등에 관한 법률」에 따라 신고된 실제 거래가격으로서 거래 시점이 도시지역은 3년 이내, 그 밖의 지역은 5년 이내인 거래가격 중에서 감정평가법인등이 인근지역의 지가수준 등을 고려하여 감정평가의 기준으로 적용하기에 적정하다고 판단하는 거래가격을 말한다.
★수익환원법★	수익환원법이란 대상물건이 장래 산출할 것으로 기대되는 순수익이나 미래의 현금흐름을 환원하거나 할인하여 대상물건의 가액을 산정하는 감정평가방법을 말한다.
★적산법★	적산법이란 대상물건의 기초가액에 기대이율을 곱하여 산정된 기대수익에 대상물건을 계속하여 임대하는 데에 필요한 경비를 더하여 대상물건의 임대료를 산정하는 감정평가방법을 말한다.
★임대사례 비교법★	임대사례비교법이란 대상물건과 가치형성요인이 같거나 비슷한 물건의 임대사례와 비교하여 대상물건의 현황에 맞게 사정보정, 시점수정, 가치형성요인 비교 등의 과정을 거쳐 대상물건의 임대료를 산정하는 감정평가방법을 말한다.

★수익 분석법★	수익분석법이란 일반기업 경영에 의하여 산출된 총수익을 분석하여 대상물건이 일정한 기간에 산출할 것으로 기대되는 순수익에 대상물건을 계속하여 임대하는 데에 필요한 경비를 더하여 대상물건의 임대료를 산정하는 감정평가방법을 말한다.

제3절 시산가액 조정

★시산가액★	시산가액이란 대상물건의 감정평가액을 결정하기 위하여 각각의 감정평가방법을 적용하여 산정한 가액을 말한다.
시산가액 조정	시산가액 조정이란 각 시산가액을 비교·대조하여 그들 사이에 차이가 있을 경우 통일적·일관적인 가격을 구성하도록 조화시키는 작업을 말한다.

제4절 감정평가의 절차

확인자료	확인자료란 대상물건의 물적사항 확인 및 권리관계의 확인에 필요한 자료를 말한다.
요인자료	요인자료란 대상물건의 가치형성에 영향을 주는 자연적·사회적·경제적·행정적 제 요인의 분석에 필요한 자료를 말한다.
사례자료	사례자료란 거래사례·조성사례·임대사례 등과 같이 감정평가 3방식의 적용에 필요한 자료를 말한다.
직접법	직접법이란 대상 부동산의 가격을 산출하기 위해 필요한 자료를 대상 부동산으로부터 직접 구하는 방법을 말한다.
간접법	간접법이란 대상 부동산과 대체·경쟁관계에 있는 다른 부동산의 가격산출자료를 기준으로 이와 비교하여 구하는 방법을 말한다.
★기준시점★	기준시점이란 대상물건의 감정평가액을 결정하는 기준이 되는 날짜를 말한다.
물적 불일치	물적 불일치란 물적 사항에 있어 실지조사를 통해 확인한 결과가 평가의뢰 시 제시된 사항 및 공부와 차이가 나는 것을 말한다.

각론 의의노트

제1장 비교방식	
★비교방식★	비교방식이란 거래사례비교법, 임대사례비교법 등 시장성의 원리에 기초한 감정평가방식 및 공시지가기준법을 말한다.
★거래사례 비교법★	거래사례비교법이란 대상물건과 가치형성요인이 같거나 비슷한 물건의 거래사례와 비교하여 대상물건의 현황에 맞게 사정보정, 시점수정, 가치형성요인 비교 등의 과정을 거쳐 대상물건의 가액을 산정하는 감정평가방법을 말한다.
★적절한 실거래가★	적정한 실거래가란 「부동산거래신고에 관한 법률」에 따라 신고된 실제거래가격으로서 거래시점이 도시지역은 3년 이내, 그 밖의 지역은 5년 이내인 거래가격 중에서 감정평가업자가 인근지역의 지가수준 등을 고려하여 감정평가의 기준으로 적용하기에 적정하다고 판단하는 거래가격을 말한다.
사례의 정상화	사례의 정상화란 수집 및 선택된 자료를 이용하여 대상물건 수준으로 정상화시켜 대상물건의 가격을 구하는 작업을 말한다.
★사정보정★	사정보정이란 거래사례에 특수한 사정이나 개별적 동기가 반영되어 있거나 거래 당사자가 시장에 정통하지 않은 등 수집된 거래사례의 가격이 적절하지 못한 경우 그러한 사정이 없었을 경우의 적절한 가격수준으로 정상화하는 작업을 말한다.
배분법	배분법이란 거래사례가 대상부동산과 동일한 유형을 포함하는 복합부동산으로 구성되어 있는 경우에 대상물건과 동일한 유형의 부분만 배분 또는 다른 유형의 부분을 공제하여 대상 부동산과 동일한 유형에 귀속되는 부분만의 사례가격을 구하는 방법을 말한다.
	비율방식이란 복합부동산의 각 구성부분에 해당하는 가격비율을 알 수 있는 경우 대상물건과 같은 유형에 해당하는 가격비율을 곱하여 배분하는 방식을 말한다.
	공제방식이란 복합부동산의 거래가격에서 대상물건과 다른 유형에 해당하는 부분의 가격을 알 수 있는 경우에 이를 전체 거래가격에서 공제하여 대상물건과 같은 유형의 가격을 산정하는 방식을 말한다.
★시점수정★	시점수정이란 거래사례의 거래시점과 대상물건의 기준시점이 불일치하여 가격수준의 변동이 있을 경우에는 거래사례의 가격을 기준시점의 가격수준으로 정상화하는 작업을 말한다.
★가치형성 요인의 비교★	가치형성요인의 비교란 거래사례와 대상물건 간에 종별·유형별 특성에 따라 지역요인이나 개별요인 등 가치형성요인에 차이가 있는 경우에는 이를 각각 비교하여 대상물건의 가치를 개별화·구체화하는 작업을 말한다.

비교요소	거래사례의 비교요소란 거래사례와 대상물건을 서로 비교할 때 비교기준이 되는 특성들을 말한다.
비교분석방법	비교분석방법이란 거래사례비교법에 있어 정량적 혹은 정성적 기법을 적용하여 수량을 결정하고 시산가액을 도출하는 과정을 의미한다.
비준가액	비준가액이란 거래사례비교법에 따라 산정된 가액을 말한다.
★공시지가 기준법★	공시지가기준법이란 감정평가의 대상이 된 토지와 가치형성요인이 같거나 비슷하여 유사한 이용가치를 지닌다고 인정되는 표준지의 공시지가를 기준으로 대상토지의 현황에 맞게 시점수정, 지역요인 및 개별요인비교, 그 밖의 요인의 보정을 거쳐 대상토지의 가액을 산정하는 감정평가방법을 말한다.
★표준지 공시지가★	표준지공시지가란 『부동산공시법』의 규정에 의한 절차에 따라 국토교통부장관이 조사·평가하여 공시한 표준지의 단위면적당 적정가격을 말한다.
★그 밖의 요인★	그 밖의 요인이란 시점수정, 지역요인 및 개별요인의 비교 외에 대상토지의 가치에 영향을 미치는 요인을 말한다.

PART
03

제2장 원가방식	
원가	원가란 개량물 또는 구조물을 축조하기 위한 현금지출 총액으로 교환가격이 아닌 공급자적 측면에서 생산에 사용되는 개념을 말한다.
★원가방식★	원가방식이란 원가법, 적산법 등 비용성의 원리에 기초한 감정평가방식을 말한다.
★원가법★	원가법이란 대상물건의 재조달원가에 감가수정을 하여 대상물건의 가액을 산정하는 감정평가방법을 말한다.
★재조달원가★	재조달원가란 대상물건을 기준시점에 재생산하거나 재취득하는데 필요한 적정원가의 총액을 말한다.
재생산원가	재생산원가란 생산개념에 입각하여 건축물과 같이 생산이 가능한 경우에 적용하는 개념을 말한다.
재취득원가	재취득원가란 취득개념에 입각하여 도입기계 등과 같이 현실적으로 직접 생산이 불가능한 예외적인 경우에 적용하는 개념을 말한다.
복제원가	복제원가란 대상물건과 물리적 측면의 동질성에 착안한 복제품을 기준시점 현재 새로 조달하는데 소요되는 원가를 말한다.
대체원가	대체원가란 대상물건과 기능적 측면에서 동일한 효용을 가지는 현대적 감각의 건물을 기준시점 현재 재조달하는데 소요되는 원가를 말한다.

★감가수정★	감가수정이란 대상물건에 대한 재조달원가를 감액하여야 할 요인이 있는 경우에 물리적감가, 기능적감가 또는 경제적감가 등을 고려하여 그에 해당하는 금액을 재조달원가에서 공제하여 기준시점에 있어서의 대상물건의 가액을 적정화하는 작업을 말한다.
★물리적 감가★	물리적 감가란 대상물건의 물리적 상태 변화에 따른 감가요인을 말한다.
★기능적 감가★	기능적 감가란 대상물건의 기능적 효용 변화에 따른 감가요인을 말한다.
★경제적 감가★	경제적 감가요인이란 인근지역의 경제적 상태, 주위환경, 시장상황 등 대상물건의 가치에 영향을 미치는 경제적 요소들의 변화에 따른 감가요인을 말한다.
내용연수법	대상부동산의 경과연수와 수명으로 감가수정을 추계하는 방법으로 정액법과 정률법 및 상환기금법이 있다.
내용연수의 조정	내용연수의 조정이란 신축 후 건물의 변동사항을 반영하기 위해 감정평가사가 객관적으로 판단하여 내용연수를 조정하는 것이다. 내용연수 조정방법에는 유효연수법과 미래수명법이 있다.
관찰감가법	관찰감가법이란 내용연수나 감가율과 같은 산식을 사용함이 없이 대상물건의 전체 또는 구성부분을 면밀히 관찰하여 감가액을 직접 구하는 방법을 말한다.
분해법	분해법이란 대상부동산의 감가수정요인을 물리적·기능적·경제적 요인으로 세분한 후, 이에 대한 감가수정액을 각각 별도로 측정하고 이것을 전부 합산하여 감가수정누계액을 산출하는 방법을 말한다.
적산가액	적산가액이란 원가법에 따라 산정된 가액을 말한다.

제3장 수익방식

★수익방식★	수익방식이란 수익환원법·수익분석법 등 수익성의 원리에 기초한 감정평가방식을 말한다.
★수익 환원법★	수익환원법이란 대상물건이 장래 산출할 것으로 기대되는 순수익이나 미래의 현금흐름을 환원하거나 할인하여 대상물건의 가액을 산정하는 감정평가방법을 말한다.
★직접 환원법★	직접환원법이란 단일기간의 순수익을 적절한 환원율로 환원하여 대상물건의 가액을 산정하는 방법을 말한다.
직접법	직접법은 자본회수가 필요하지 않은 부동산에 대하여 상각률을 고려하지 않고 순수익을 환원율로 직접 환원하여 수익가액을 구하는 방법을 말한다.

자본회수	자본회수란 원금인 투자한 자금을 특정한 기간 이내에 다시 회수하는 것을 의미한다.
직선법	직선법은 상각전 순수익을 상각후 환원율에 상각률(1/N)을 가산한 상각전 환원율로 환원하여 수익가액을 구하는 방법을 말한다.
상환기금법	상환기금법은 상각전 순수익을 상각후 환원율과 축적이율 및 내용연수를 기초로 한 감채기금계수를 더한 상각전 환원율로 환원하여 수익가액을 구하는 방법을 말한다.
연금법	연금법은 상각전 순수익을 상각후 환원율과 상각후 환원율 및 내용연수를 기초로 한 감채기금계수를 더한 상각전 환원율로 환원하여 수익가액을 구하는 방법을 말한다.
잔여환원법	잔여환원법은 부동산에서 발생하는 순수익을 그 구성요소에 따라 분리할 수 있다는 가정에 의해 각각의 구성요소에 대한 수익가치를 산정하는 방법을 말한다.
토지잔여법	토지잔여법은 복합부동산의 순수익에서 건물에 귀속되는 순수익을 공제한 후 도출된 토지에 귀속되는 순수익을 토지환원율로 환원하여 토지의 가액을 구하는 방법을 말한다.
건물잔여법	건물잔여법은 복합부동산의 순수익에서 토지에 귀속되는 순수익을 공제한 후 도출된 건물에 귀속되는 순수익을 건물환원율로 환원하여 건물의 가액을 구하는 방법을 말한다.
부동산잔여법	부동산잔여법은 부동산의 전체 순수익을 잔존내용연수 동안 현가화하고 여기에 기간 말 토지가치를 현재가치로 현가하여 더한 값으로 대상부동산의 가액을 결정하는 방법을 말한다.
지분잔여법	지분잔여법은 전체 순수익에서 연간 저당지불액을 공제한 지분귀속 순수익을 지분환원율로 환원하여 가치를 산정한 후 저당대부액을 합하여 전체가치를 산정하는 방법을 말한다.
저당잔여법	저당잔여법은 순수익에서 지분환원율에 의해 지분에 귀속되는 수익을 공제하여 저당구성요소에 귀속되는 수익을 산정하고 이를 저당환원율(MC)로 환원하여 저당가치를 구한 후 지분액을 합하여 전체가치를 산정하는 방법을 말한다.
★할인현금 흐름분석법★	할인현금흐름분석법이란 대상물건의 보유기간에 발생하는 복수기간의 순수익과 보유기간말의 복귀가액에 적절한 할인율을 적용하여 현재가치로 할인한 후 더하여 대상물건의 가액을 산정하는 방법을 말한다.
세전현금 흐름분석법	세전현금흐름분석법은 대상 부동산에 대한 연간 지분수익과 저당대부의 원리금상환으로 인한 지분형성 및 보유기간 말의 복귀가격을 고려한 환원이율을 통해 구한 지분가치와 저당가치의 합으로 부동산의 현재가치를 구하는 방식을 말한다.

세후현금 흐름분석법	세후현금흐름분석법은 대상 부동산에 대해 매 기간 기대되는 세후현금흐름과 기간 말 지분복귀액을 현재가치로 할인하여 지분가치를 구하고 저당가치를 합산함으로써 부동산의 가치를 구하는 방식을 말한다.
동적 DCF	동적 DCF란 대상물건의 향후 현금흐름이나 수익가치의 불확실성 등 미래에 따른 위험요소가 있을 경우 이를 제대로 반영할 수 없는 정적 DCF의 한계를 보완하여 수익에 불확실성을 고려한 가치평가방법을 말한다.
실물옵션	실물옵션이란 의사결정의 변경가능성을 핵심변수로 감안하여 유연하고 동적인 투자전략을 평가해 주는 방법론을 말한다.
가능총수익	가능총수익이란 100% 임대 시 창출가능한 잠재적 총수익을 말한다.
유효총수익	유효총수익이란 가능총수익에서 공실손실상당액 및 대손충당금을 공제한 수익을 말한다.
운영경비	운영경비란 부동산의 유지와 가능총수익의 창출을 위해 정기적으로 지출되는 경비를 말한다.
순수익	순수익이란 대상물건에 귀속하는 적절한 수익으로서 유효총수익에서 운영경비를 공제하여 산정한 금액을 말한다.
세전현금흐름	세전현금흐름이란 순수익에서 저당지불액을 공제한 값을 말한다.
세후현금흐름	세후현금흐름이란 세전현금흐름에서 소득세 또는 법인세를 공제한 값을 말한다.
복귀가액	복귀가액이란 대상물건의 보유기간 말 재매도가치에서 매도비용 등을 차감하여 매도자가 얻게 되는 순매도액을 의미한다.
내부추계법	내부추계법이란 보유기간 경과 후 초년도의 순수익을 추정하여 최종환원율로 환원한 후 매도비용을 공제하여 복귀가액을 산정하는 방법을 말한다.
외부추계법	외부추계법이란 가치와 여러 변수와의 관계 및 과거의 가치성장률과 같은 외부변수를 활용하여 보유기간 말의 복귀가액을 산정하는 방법을 말한다.
자본환원율	자본환원율이란 장래 발생할 예상수익을 현재가치로 환원하여 자본을 산출하는데 사용되는 율을 말하며, 환원율과 할인율로 구분된다.
환원율	환원율이란 한 해의 수익을 현재가치로 환산하기 위하여 사용되는 율을 말한다.
기입환원율	기입환원율이란 보유기간 중의 순수익을 자본환원하는데 사용되는 환원율을 말한다
기출환원율	기출환원율이란 내부추계법에서 기간 말 재매도가치를 산정하기 위해서 기간 말의 순수익에 적용되는 환원율을 말한다.
시장추출법	시장추출법은 시장으로부터 직접 환원율을 추출하는 방법으로서 대상 부동산과 유사한 최근의 거래사례로부터 환원율을 찾아내는 방법을 말한다.

요소구성법	요소구성법이란 무위험률을 바탕으로 대상 부동산에 관한 위험을 여러 가지 구성요소로 분해하고 개별적인 위험에 따라 위험할증률을 더해감으로써 환원율을 구하는 방법을 말한다.
물리적 투자결합법	물리적 투자결합법이란 전체 부동산가격 중에서 토지가격 구성비율에 토지환원율을 곱하고, 건물가격 구성비율에다 건물환원이율을 곱한 다음, 양자를 서로 합하여 종합환원이율을 산정하는 방법을 말한다.
금융적 투자결합법	금융적 투자결합법이랑 저당비율에 저당상수 혹은 저당이자율을 곱하고, 지분비율에 지분환원율을 곱한 후 이 둘을 합하여 종합환원이율을 산정하는 방법을 말한다.
유효총수익 승수에 의한 결정방법	거래사례가격과 유효총수익을 바탕으로 한 유효총수익승수를 이용하여 환원이율을 산정하는 방법으로, 유효총수익승수는 시장의 거래사례가격을 유효총수익으로 나눈 값을 말한다.
시장에서 발표된 환원율	환원율을 직접 산정하지 않고 시장에서 발표된 환원율이 있는 경우 이를 활용하는 방법을 말한다.
엘우드법	엘우드법이란 투자자의 전형적인 보유기간을 가정한 후 매 기간 동안의 세전현금흐름과 보유기간 동안의 지분형성분 및 부동산 가치변화 등의 세 가지 요소가 자본환원율에 미치는 영향을 고려하여 자본환원율을 구하는 방법을 말한다.
부채감당법	부채감당법이란 저당투자자의 입장에서 대상 부동산의 순수익이 매 기간 원금과 이자를 지불할 수 있느냐 하는 부채감당률에 근거하여 종합환원율을 구하는 방법을 말한다.
할인율	할인율이란 여러 해의 수익을 현재가치로 환산하기 위하여 적용되는 율을 말한다.
투자자조사법	투자자조사법은 시장에 참가하고 있는 투자자 또는 잠재적 투자자를 대상으로 하여 할인율을 추정하는 방법을 말한다.
물리적 투자결합법	물리적 투자결합법은 토지와 건물의 구성비율에 각각 토지할인율과 건물할인율을 곱하고 이들을 합산하여 할인율을 구하는 방법을 말한다.
금융적 투자결합법	금융적 투자결합법은 저당비율에 저당상수를 저당할인율을 곱하고, 지분비율에 지분할인율을 곱한 후 이들을 합하여 할인율을 구하는 방법을 말한다.
시장에서 발표된 할인율	할인율을 직접 산정하지 않고 시장에서 발표된 할인율이 있는 경우 이를 활용하는 방법을 말한다.
요구수익률	요구수익률이란 투자자가 대상 부동산에 자금을 투자하기 위해 충족되어야 할 최소한의 수익률을 말한다.
기대수익률	기대수익률이란 투자로부터 예상되는 예상수입과 예상지출을 토대로 계산되는 수익률을 말한다.

실현수익률	실현수익률이란 투자가 이루어지고 난 후에 현실적으로 달성된 사후적 수익률을 말한다.
수익가액	수익가액이란 수익환원법에 따라 산정된 가액을 말한다.

제4장 감정평가 3방식의 확장 및 응용

조소득승수법	조소득승수법이란 조소득승수를 활용하여 대상 부동산의 시장가치를 추계하는 것으로 조소득승수한 매매가격을 연간조소득으로 나눈 값을 말한다.
회귀분석법	회귀분석법이란 통계적 관점에서 독립변수와 종속변수 사이의 상호관계성을 찾아 이를 일반화시키는 계량적 분석기법을 말한다.
가산방식	가산방식이란 소지가액에 개발비용을 더하여 조성택지의 가치를 평가하는 방법을 말한다.
공제방식	공제방식이란 분양예정가격에서 개발비용을 뺌으로써 택지예정지의 가치를 평가하는 방법을 말한다.
개발법	개발법이란 대상획지를 개발하였을 때 예상되는 분양예정가격의 현재가치에서 개발비용의 현재가치를 뺌으로써 택지예정지의 가치를 평가하는 방법을 말한다.
CVM	CVM이란 비시장재화에 대한 가상적인 상황을 설정하고 그 상황에서 선택가능한 가상가격에 대한 설문조사를 통해 해당 재화의 가치를 평가하는 방법을 말한다.
TCM	TCM이란 휴양지라는 자연환경의 가치를 여행 비용을 근거로 산출하는 방법을 말한다.
ABM	ABM이란 오염의 피해를 줄이거나 회피하기 위해 지불된 비용으로 주관적인 가치를 측정하는 방법을 말한다.

제5장 임대료 및 임대차 평가

임대차	임대차란 당사자의 일방(임대인)이 상대방(임차인)에게 목적물을 사용·수익할 수 있게 약정하고, 상대방이 그 대가로서 차임을 지급할 것을 약정함으로써 성립하는 계약을 말한다.
★임대료★	임대료(사용료를 포함한다)란 임대차 계약에 기초한 대상물건의 사용대가로서 지급하는 금액을 말한다.

시장임대료	시장임대료란 대상물건이 통상적인 시장에서 충분한 기간 동안 임대차를 위하여 공개된 후, 그 대상물건의 내용에 정통한 당사자 사이에 신중하고 자발적인 임대차가 이루어질 경우 성립될 가능성이 가장 높다고 인정되는 대상물건의 임대료를 말한다.
실질임대료	실질임대료란 산정기간 동안에 임대인에게 귀속되는 모든 경제적 대가에 해당하는 임대료를 말하며, 순임대료 및 필요제경비 등으로 구성된다.
지불임대료	지불임대료란 각 지불시기에 지불되는 임대료로서 대상부동산의 순임대료의 일부 또는 전부와 대상부동산의 사용 수익을 위한 필요제경비 등으로 구성된다.
공익비	공익비란 공용공간에 소요되는 공통비나 공용부분 관리비를 말한다.
부가사용료	부가사용료란 임차자 전용공간의 가스료나 전기료 등 임차자가 공급회사에 직접 지불하지 않고 임대인에게 지불한 것을 말한다.
★임대사례비교법★	임대사례비교법이란 대상물건과 가치형성요인이 같거나 비슷한 물건의 임대사례와 비교하여 대상물건의 현황에 맞게 사정보정, 시점수정, 가치형성요인비교 등의 과정을 거쳐 대상물건의 임대료를 산정하는 감정평가방법을 말한다.
비준임료	비준임료란 임대사례비교법에 따라 산정된 임대료를 말한다.
적산법	적산법이란 대상물건의 기초가액에 기대이율을 곱하여 산정된 기대수익에 대상물건을 계속하여 임대하는 데에 필요한 경비를 더하여 대상물건의 임대료를 산정하는 감정평가방법을 말한다.
★기초가액★	기초가액이란 적산법으로 감정평가 하는 데 기초가 되는 대상물건의 가치를 말한다.
★기대이율★	기대이율이란 기초가액에 대하여 기대되는 임대수익의 비율을 말한다.
★필요제경비★	필요제경비란 임차인이 사용·수익할 수 있도록 임대인이 대상물건을 적절하게 유지·관리하는데에 필요한 비용을 말한다.
적산임료	적산임료란 적산법에 따라 산정한 임대료를 말한다.
★수익분석법★	수익분석법이란 일반 기업경영에 의하여 산출된 총수익을 분석하여 대상물건이 일정한 기간에 산출할 것으로 기대되는 순수익에 대상물건을 계속하여 임대하는 데에 필요한 경비를 더하여 대상물건의 임대료를 산정하는 방법을 말한다.
수익임료	수익임료란 수익분석법에 따라 산정된 임대료를 말한다.
임대권	임대권이란 소유자가 대상 부동산에 대해 가지는 법적권리로서 매 기간의 임대료와 기간 말의 복귀가치를 현재가치로 환원한 값이다.
임차권	임대차에 있어서 임차자가 대상 부동산에 대해 가지는 법적권리로서 시장임대료가 계약임대료를 초과할 때 획득되는 귀속소득과 임차자개량물을 현재가치로 환원한 값이다.
계속임대료	계속임대료란 임대차계약이 계속적으로 갱신되어 임대료를 개정해야 하는 경우 다시 조정된 임대료를 말한다.

차액배분법	차액배분법은 시장임대료와 실제 임차인이 부담하게 되는 임대료 간에 발생한 차액에 대하여 계약의 내용과 조건 등을 종합적으로 고려하여 차액 중 임대인에게 귀속되는 부분을 적정하게 배분 후 이를 실제의 계약임대료에 반영하는 방법을 말한다.
이율법	이율법은 기초가액에 계속임대료이율을 곱하여 구한 금액에 임대를 계속하는데 필요한 필요제경비를 가산하여 계속임대료를 구하는 방법을 말한다.
슬라이드법	슬라이드법은 임대료 수준이나 필요제경비의 변동 등을 적절하게 나타낼 수 있는 슬라이드지수를 파악하여 이를 계약임대료에 곱함으로써 계속임대료를 산정하는 방법을 말한다.
임대사례비교법	임대사례비교법은 인근지역 또는 동일수급권 내 유사지역에 소재하는 동 유형의 계속임대료의 사례를 기초로 하여 사정보정과 시점수정 및 지역·개별요인의 비교와 임대차계약 내용 및 조건을 비교하여 계속임대료를 산정하는 방법을 말한다.

제6장 및 제7장 물건별 감정평가	
무형자산	무형자산이란, 일정 기간 독점적·배타적으로 이용할 수 있는 권리인 자산으로서, 산업재산권, 광업권, 소프트웨어, 기타 무형자산 등을 말한다.
★영업권★	영업권이란 대상 기업이 경영상의 유리한 관계 등 배타적 영리기회를 보유하여 같은 업종의 다른 기업들에 비하여 초과수익을 확보할 수 있는 능력으로서 경제적 가치가 있다고 인정되는 권리를 말한다.
초과수익	초과수익이란 유사한 자산 규모를 가진 통상의 기업의 정상이익을 상회하는 이익을 뜻한다. 이는 매출의 증가뿐만 아니라 비용의 감소 또는 투자의 감소 등을 모두 포괄하는 개념이다.
★지식재산권★	지식재산권이란 특허권·실용신안권·디자인권·상표권 등 산업재산권 또는 저작권 등 지적창작물에 부여된 재산권에 준하는 권리를 말한다.
특허권	특허권이란 「특허법」에 따라 발명 등에 관하여 독점적으로 이용할 수 있는 권리를 말한다.
실용신안권	실용신안권이란 「실용신안법」에 따라 실용적인 고안 등에 관하여 독점적으로 이용할 수 있는 권리를 말한다.
디자인권	디자인권이란 「디자인보호법」에 따라 디자인 등에 관하여 독점적으로 이용할 수 있는 권리를 말한다.

상표권	상표권이란 「상표법」에 따라 지정상품에 등록된 상표를 독점적으로 사용할 수 있는 권리를 말한다.
저작권	저작권이란 「저작권법」 제4조의 저작물에 대하여 저작자가 가지는 권리를 말한다.
기술기여도	기술기여도란 기업의 경제적 이익창출에 기여한 유·무형의 기업 자산 중에서 해당 지식재산권이 차지하는 상대적인 비율을 말한다.
실시료율	실시료율은 지식재산권을 배타적으로 사용하기 위해 제공하는 기술사용료의 산정을 위한 것으로, 사용기업의 매출액이나 영업이익 등에 대한 비율을 말한다.
★상장주식★	상장주식이란 「자본시장과 금융투자업에 관한 법률」에서 정하는 증권상장 규정에 따라 증권시장에 상장된 증권 중 주권을 말한다.
★비상장 주식★	비상장주식이란 주권비상장법인의 주권을 말한다.
★채권★	채권이란 국채증권, 지방채증권, 특수채증권, 사채권, 기업어음증권 그 밖에 이와 비슷한 것으로서 지급청구권이 표시된 것을 말한다.
★기업가치★	기업가치란 해당 기업체가 보유하고 있는 유·무형의 자산 가치를 말하며, 자기자본가치와 타인자본가치로 구성된다. 기업체의 유·무형의 자산가치는 영업 관련 기업가치와 비영업용 자산의 가치로 구분할 수 있다.
일단지	일단지란 지적공부상 2필지 이상의 토지가 일단을 이루어 같은 용도로 이용되는 것이 사회적·경제적·행정적 측면에서 합리적이고 대상토지의 가치형성 측면에서 타당하다고 인정되는 등 용도상 불가분의 관계에 있는 토지를 말한다.
용도상 불가분의 관계	용도상 불가분의 관계랑 일단의 토지로 이용되고 있는 상황이 사회적·경제적·행정적 측면에서 합리적이고 대상 토지의 가치형성적 측면에서도 타당하다고 인정되는 관계에 있는 경우를 말한다.
공유지분 토지	공유지분 토지란 1필지의 토지를 2인 이상이 공동으로 소요하고 있는 토지를 말한다.
구분소유적 공유	구분소유적 공유란 1필의 토지 중 위치나 면적이 특정된 일부를 양수하고서도 분필에 의한 소유권이전등기를 하지 않은 채 편의상 그 필지의 면적에 대한 양수부분의 면적비율에 상응하는 공유지분 등기를 경료한 것을 말한다.
지상권이 설정된 토지	지상권이란 타인의 토지에 건물 혹은 기타 공작물이나 수목을 소유하기 위하여 그 토지를 사용할 수 있는 물권을 말하며, 이러한 지상권이 설정된 토지를 말한다.
규모가 과대 (광평수토지) 하거나 과소한 토지	토지의 면적이 최유효이용 규모에 초과하거나 미달하는 토지를 말한다.

PART
03

맹지	맹지란 지적도상 공로에 접한 부분이 없는 토지를 말한다.
제시 외 건물 등이 있는 토지	제시 외 건물 등이 있는 토지란 의뢰인이 제시하지 않은 종물과 부합물을 제외한 지상 정착물이 있는 토지를 말한다.
복합부동산	복합부동산이란 토지와 건물이 결합되어 있는 부동산을 말하는 것으로 토지나 건물을 각각 지칭하지 않고 토지와 건물이 결합된 그 자체를 의미하는 것이다.
구분소유 부동산	「집합건물의 소유 및 관리에 관한 법률」에 따라 구분소유권의 대상이 되는 건물부분과 그 대지사용권(대지 지분소유권을 의미한다)을 말한다.
소음 등으로 인한 대상물건의 가치하락분	장기간 지속적으로 발생하는 소음·진동·일조침해 또는 환경오염 등(소음 등)으로 대상물건에 직접적 또는 간접적인 피해가 발생하여 대상물건의 객관적 가치가 하락한 경우 소음 등의 발생 전과 비교한 가치하락분을 말한다.
스티그마	스티그마란 환경오염의 영향을 받는 부동산에 대해 일반인들이 갖는 무형의 또는 양을 잴 수 없는 불리한 인식을 말한다.
권리금	권리금이란 임대차 목적물인 상가건물에서 영업을 하는 자 또는 영업을 하려는 자가 영업시설·비품, 거래처, 신용, 영업상의 노하우, 상가건물의 위치에 따른 영업상의 이점 등 유형·무형의 재산적 가치의 양도 또는 이용대가로서 임대인, 임차인에게 보증금과 차임 이외에 지급하는 금전 등의 대가를 말한다.
유형재산	유형재산이란 영업을 하는 자 또는 영업을 하려고 하는 자가 영업활동에 사용하는 영업시설, 비품, 재고자산 등 물리적·구체적 형태를 갖춘 재산을 말한다.
무형재산	무형재산이란 영업을 하는 자 또는 영업을 하려고 하는 자가 영업활동에 사용하는 거래처, 신용, 영업상의 노하우, 건물의 위치에 따른 영업상의 이점 등 물리적·구체적 형태를 갖추지 않은 재산을 말한다.
공장재단	공장재단이란 영업을 하기 위하여 물품 제조·가공 등의 목적에 사용하는 일단의 기업용 재산("공장")으로서, 「공장 및 광업재단 저당법」에 따라 소유권과 저당권의 목적이 되는 것을 말한다.
광업재단	광업재단이란 광업권과 광업권을 바탕으로 광물을 채굴·취득하기 위한 각종 설비 및 이에 부속하는 사업의 설비로 구성되는 일단의 기업재산("광산")으로서, 「공장 및 광업재단 저당법」에 따라 소유권과 저당권의 목적이 되는 것을 말한다.
구분지상권	구분지상권이란 건물 및 기타 공작물을 소유하기 위하여 입체적으로 구분된 지하 또는 지상 공간에 상하의 범위를 정하여 설정된 권리를 말한다.

제8장 목적별 감정평가	
담보평가	담보평가란, 담보를 제공받고 대출 등을 하는 은행·보험회사·신탁회사·일반기업체 등이 대출을 하거나 채무자(담보를 제공하고 대출 등을 받아 채무상환의 의무를 지닌 자를 말한다)가 대출을 받기 위하여 의뢰하는 담보물건(채무자로부터 담보로 제공받는 물건을 말한다)에 대한 감정평가를 말한다.
경매평가	경매평가란, 해당 집행법원(경매사건의 관할 법원을 말한다)이 경매의 대상이 되는 물건의 경매에서 최저매각가격(물건의 매각을 허가하는 최저가격을 말한다)을 결정하기 위해 의뢰하는 감정평가를 말한다.
재개발사업	재개발사업이란 정비기반시설이 열악하고 노후·불량 건축물이 밀집한 지역에서 주거환경을 개선하거나 상업지역·공업지역 등에서 도시기능의 회복 및 상권활성화 등을 위하여 도시환경을 개선하기 위한 사업을 의미한다.
재건축사업	재건축사업이란 정비기반시설은 양호하나 노후·불량건축물에 해당하는 공동주택이 밀집한 지역에서 주거환경을 개선하기 위한 사업을 의미한다.
정비기반시설 감정평가	정비기반시설 감정평가란 제97조 제1항 내지 제3항에 따른 정비기반시설의 무상귀속 또는 무상양도 협의를 위해 실시하는 감정평가를 말한다.
국유·공유재산 매각평가	국유·공유재산 매각평가란 제98조 제4항 내지 제6항에 따라 매각하는 국유·공유재산에 대한 매각예정가액 결정을 위한 감정평가를 말한다.
종전자산 감정평가	종전자산 감정평가란 제72조 제1항 제1호 및 제74조 제1항 제5호에 따라 실시되는 종전의 토지 또는 건축물에 대한 관리처분계획 수립 목적의 감정평가를 말한다.
종후자산 감정평가	종후자산 감정평가란 제74조 제1항 제3호에 따라 실시되는 분양예정인 대지 또는 건축물에 대한 관리처분계획 수립 목적의 감정평가를 말한다.
매도청구 감정평가	매도청구 감정평가란 제64조 또는 제73조에 따라 제기된 매고청구소송 관할법원의 의뢰로 실시되는 매도청구대상 토지·건축물 또는 그 밖의 권리에 대한 감정평가를 말한다.
현금청산 감정평가	현금청산 감정평가란 제39조 제3항 또는 제73조에 따라 실시되는 현금청산대상자 소유의 토지·건축물 또는 그 밖의 권리에 대한 현금청산협의를 목적으로 하는 감정평가를 말한다.
재무보고평가	재무보고평가란, 「주식회사의 외부감사에 관한 법률」 제5조 제3항의 회계처리기준에 따른 재무보고를 목적으로 하는 공정가치의 추정을 위한 감정평가를 말한다.

박문각 감정평가사

이동현 S+감정평가이론
2차 | 서브노트

제1판 인쇄 2026. 1. 26. | **제1판 발행** 2026. 1. 30. | **편저자** 이동현
발행인 박 용 | **발행처** (주)박문각출판 | **등록** 2015년 4월 29일 제2019-0000137호
주소 06654 서울시 서초구 효령로 283 서경 B/D 4층 | **팩스** (02)584-2927
전화 교재 문의 (02)6466-7202

이 책의 무단 전재 또는 복제 행위를 금합니다.

정가 15,000원
ISBN 979-11-7519-603-2